共生社会の時代の特別支援教育
第2巻

学びを保障する指導と支援
すべての子供に配慮した学習指導

編集代表 柘植雅義　編著 熊谷恵子・日野久美子・藤本裕人

ぎょうせい

シリーズ刊行に当たって

　平成 13（2001）年から、新たな特別支援教育に向けた助走が始まり、発達障害のある子供への本格的な教育を含めた制度改正などを経て、16 年が経過して現在に至っている。この間、特別支援教育の充実発展が着実になされたが、ここに来て新たな動きが出てきた。それは、国連の障害者権利条約であり、インクルーシブ教育、合理的配慮、ユニバーサルデザインなどが明記されたことであり、それを踏まえて、日本では、障害者差別解消法が平成 28（2016）年 4 月に施行された。これにより、いよいよ共生社会（内閣府）の実現が現実的なものとなり、それに向けた特別支援教育のさらなる充実発展が急務となってきた。

　このような時期において、「共生社会の時代の特別支援教育」あるいは「インクルーシブな教育と社会の時代の特別支援教育」を展望し、関連する事項の基本的な考えや方法を整理し、先進的な取組を紹介することは、タイムリーであると考えた。

　本シリーズの企画に当たり、特別支援教育を取り巻く近年のキーワードとして、以下の 10 点に注目した。

　　○共生社会

　　○国連障害者権利条約

　　○合理的配慮

　　○ユニバーサルデザイン／インクルーシブデザイン

　　○インクルーシブ教育／インクルーシブ教育システムの構築

　　○発達障害／発達障害者支援法（改正）

　　○障害者差別解消法

　　○社会的障壁

　　○障害のある子とない子が共に学ぶ／「交流及び共同学習」

　　○エビデンス（根拠）に基づく実践と政策／十分な教育の提供

そして、以上のような状況を踏まえ、本書の基本コンセプトを、特別支援教育を漏れなく全般的に扱うのではなく、下記のような五つの視点から重点的に構成することにした。

　　○幼稚園・小学校・中学校・高等学校での指導・支援・合理的配慮
　　○知的障害のない発達障害、知的障害
　　○障害のない子供への教育
　　○幼稚園・小学校・中学校・高等学校と特別支援学校の連携
　　○障害の確かな理解啓発

　このような趣旨のもと、第1巻は、「新しい特別支援教育──インクルーシブ教育の今とこれから──」、第2巻は、「学びを保障する指導と支援──すべての子供に配慮した学習指導──」、第3巻は、「連携とコンサルテーション──多様な子供を多様な人材で支援する──」とした。そして、各分野の第一線で活躍する研究者と実践者が執筆に関わった。

　本書の読者層としては、まずは、幼稚園・小学校・中学校・高等学校の、通常学級担当、通級による指導担当、特別支援学級担当、特別支援教育コーディネーター、養護教諭、管理職などを想定した。また、特別支援学校においてセンター的機能などによる地域支援の担当者や、「交流及び共同学習」の推進担当者らを想定した。さらに、市区町村、指定都市、都道府県における特別支援教育の推進に当たる教育委員会・教育センターの指導主事などを想定した。

　最後に、「共生社会の時代の特別支援教育」が全国各地で遍く推進され、やがて、障害があるとかないとかではなく、すべての子供たちが共に学び共に学校生活を送っていける豊かな教育の実現に向けた取組の一助に、本書が少しでも貢献できれば幸いである。

シリーズ編集代表

筑波大学　柘植雅義

目　次

第1章　インクルーシブ教育とこれからの学習指導

1　合理的配慮──学習指導と学びの保障──　2

2　すべての子供に配慮する　4

3　「個別の指導計画」と「個別の教育支援計画」　5

4　指導法、指導技法　7

5　授業改善、授業研究会　8

第2章　一人一人の教育的ニーズに応じた学習指導

1　個々の子供の学習スタイルに応じる一斉授業　12

　　（1）環境的　14

　　（2）情緒的　16

　　（3）社会的　17

　　（4）身体的　18

　　（5）心理的　19

2　基礎的環境整備と合理的配慮　23

　　（1）基礎的環境整備　23

　　（2）合理的配慮　24

3　一人一人の教育的ニーズに応じた学習指導　27

iii

第3章　通常学級における支援と合理的配慮

1　インクルーシブ教育システムとは　30

2　合理的配慮とは　30

3　合理的配慮の実践例　31

4　教育のユニバーサルデザインという考え方　32

5　教室環境のユニバーサルデザイン化　34

6　授業のユニバーサルデザイン化　34

7　人的環境のユニバーサルデザイン化　35

第4章　通級による指導と合理的配慮

1　通級による指導が目指すこと　38

2　効率的な指導と合理的配慮　39

　　（1）子供を理解するための的確なアセスメント　39

　　（2）効率的な指導・支援　42

　　（3）連携の下での支援　43

3　子供が自立に向かうために　44

第5章　特別支援学級における指導と合理的配慮

1　通常学校における特別支援教育の拠点である特別支援学級　48

2　特別支援学級の役割　48

　　（1）在籍の子供の障害や課題の理解とそれに応じた指導・支援　48

　　（2）保護者、家族との連携　51

（3）専門機関との連携　51

3　交流教育　52

（1）交流学級担任との連携と特別支援学級担任の責任　52

（2）交流教育の充実　53

（3）中学校における学習保障　54

4　すべての子供の教育的ニーズに応えるために　54

第6章　特別支援学校における指導・「交流及び共同学習」と合理的配慮

1　特別支援学校における合理的配慮の提供　56

2　特別支援学校における合理的配慮の考え方　56

（1）特別支援学校が対象とする者の障害の程度　56

（2）学習の目標の達成につながる合理的配慮　57

3　特別支援学校と小中学校の「交流及び共同学習」における合理的配慮　58

（1）「交流及び共同学習」における教育課程等の調整　58

（2）障害特性に配慮した「交流及び共同学習」の合理的配慮　60

4　「交流及び共同学習」推進の意義と課題　63

（1）障害のある者とない者が共に学ぶ「交流及び共同学習」
の意義　63

（2）小中学校に合理的配慮のノウハウを伝える意義　64

（3）「交流及び共同学習」の評価の課題　64

第7章　教育委員会における支援と合理的配慮

1　教育委員会と合理的配慮の関係　68

2　教育委員会の具体的な役割　69

v

（1）「基礎的環境整備」の充実　69

（2）「合理的配慮」を提供する当事者　70

（3）就学時からの「合理的配慮」の検討　71

（4）共生社会の形成に向けた施策推進　72

第8章　教師の力量向上につながる校内研修と合理的配慮

1　教師の資質能力をどのように捉えるか　76

（1）教師の資質能力の三つの側面　76

（2）教師の資質能力を高める研修とは　77

2　すべての子供の学びを保障する学校づくりの視点　78

（1）校内の基礎的環境整備と合理的配慮の関係　78

（2）学校全体で取り組む多層的支援モデル　81

（3）多層的支援モデルと基礎的環境整備・合理的配慮　82

3　教師・学校の力量を高める実践的な校内研修の工夫　83

（1）すべての教職員が共有する研修内容　83

（2）実践的な校内研修の工夫　84

4　職層に応じた研修の課題　85

第9章　実　践　編

事例1　**国語の指導と合理的配慮**
困りを乗り越え伝え合う力を高める言語活動
──本人に寄り添ったできるための工夫──

1　「伝え合う力を高める」　90

2　「話す、聞く、書く、読む」のつまずきから　91

vi

（1）事例1「スピーチって話すことないし」 91

（2）事例2「何やるの？　国語嫌い。漢字はもっと嫌い」 94

（3）事例3「本は好きだけど……」 101

事例2　**算数・数学の指導と合理的配慮**
数学科で身に付けたい力と指導・配慮の工夫

1　**合理的配慮の前に教師として考えること**　106

2　**数学教育に求められるもの**　107

3　**実践事例から考える**　113

　　（1）ものづくり体験から学ぶ　113

　　（2）失敗しながら本質に気付く　114

　　（3）作業の足並みをそろえて思考時間を確保する　114

事例3　**理科の指導と合理的配慮**
ユニバーサルデザインを用いた理科（生物）の授業づくり

1　**理科の指導における合理的配慮**　116

2　**生物の授業における合理的配慮の実践**　117

　　（1）清潔で落ち着いた学習環境の保障　117

　　（2）授業の見通しと構造化　118

　　（3）マグネットバーの活用　119

　　（4）ICT 機器の活用　120

　　（5）多様な学び方の実践　121

3　**インクルーシブな授業づくりに向けて**　122

　　（1）ユニバーサルデザインは誰のためのものか　122

　　（2）高校で実践していく上でのポイント　123

　　（3）支援教育の必要性　124

vii

事例4	社会の指導と合理的配慮
	市民的資質の育成を目指す社会科における合理的配慮

1 社会科における合理的配慮 126

（1）社会科という教科の意義、価値、ねらい 126

（2）社会科指導における合理的配慮の捉え方 127

（3）社会科を通して行う合理的配慮とは 127

2 中学校通常学級における実践でのポイント──社会科の視点から── 128

（1）教科担任、学級担任と連携して行う子供理解と対応 128

（2）社会科授業実践の実際 130

3 今後の充実に向けて 136

事例5	英語・英語活動の指導と合理的配慮
	英語教育改革と合理的配慮

1 小中学校における英語教育の急激な変化 138

（1）小学校英語　英語活動の中学年への移行と高学年での教科化 138

（2）中3全国学力テスト　新たに英語の実施が決まる 139

2 国家戦略が英語教育改革の目的なのか 140

（1）検定・資格試験での級やスコアの取得が達成目標に 140

（2）グローバル化に対応した英語教育改革 141

3 英語の授業における合理的配慮について考える 142

（1）合理的配慮と個別の支援、基礎的環境整備とユニバーサルデザイン 142

（2）英語の授業スタイルは合理的配慮の基盤たりうる 143

4 読むこと、書くことの指導 144

5 聞くこと、話すことの指導 145

事例6　体育・保健体育の指導と合理的配慮
特別支援学校の体育授業を例に

1　学校教育における保健体育の目標　147
2　体育授業における合理的配慮とは　148
　　（1）教師の「眼」を磨こう　149
　　（2）教師の「心」を磨こう　150
　　（3）教師の「技」を磨こう　150
3　体育授業における合理的配慮の例　151
　　（1）風船バレー　151
　　（2）風船バドミントン　153
　　（3）タグ柔道　153
4　保健授業と合理的配慮　155

事例7　音楽の指導と合理的配慮
子供の特性を生かした支援の実際

1　音楽と合理的配慮　157
2　指導の実際　158
　　（1）教師が視点を変えることでマイナスの行動をプラスの行動に　158
　　（2）子供が「できること」を教師が探し、認める　160
　　（3）音楽の要素を簡単にする　161
3　子供の特性を見極めて支援方法につなげる　165

事例8　図工・美術の指導と合理的配慮
つまずきの背景と支援のポイント

1　子供にとっての創作活動　166

2 「図工・美術」の授業としての課題　167

　（1）交流教育での「図工・美術」の実態　167

　（2）「図工・美術」の学習のねらい（学習指導要領）　167

　（3）合理的配慮の必要性　168

3 「図工・美術」の学習における子供のつまずきと支援　168

　（1）線描・スケッチ　168

　（2）色塗り　169

　（3）自由画・想像画　170

　（4）立体作品・彫刻（中学校）　171

　（5）鑑　賞　172

4 特別支援学級における実践例　173

5 生き生きと自ら考える楽しい活動に　175

事例9　　**園生活場面での合理的配慮**
PDCA サイクルで進める合理的配慮の提供

1 認定こども園相模女子大学幼稚部におけるインクルーシブ教育・保育　177

2 合理的配慮の具体例　181

　（1）A 児の姿　181

　（2）A 児に対する合理的配慮　182

3 インクルーシブ教育・保育の成果と課題　188

事例10　　**小学校：学校生活場面での合理的配慮**
本人が安心し居場所となる学級を目指して
──発達段階における合理的配慮──

1 「チームで関わる合理的配慮」　191

2 横浜市における児童支援専任教諭　192

3 事例1　低学年／接続期の課題Aさん──スタートカリキュラムから──　193

（1）児童の様子　193

（2）合理的配慮の実際　194

（3）児童・保護者の変容　198

4　事例2　中学年／不登校Bさん——特別支援教室から——　199

（1）児童の様子　199

（2）合理的配慮の実際　200

（3）児童・保護者の変容　202

5　事例3　高学年／思春期Cさん——『横浜プログラム』から——　202

（1）児童の様子　204

（2）合理的配慮の実際　204

（3）児童・保護者の変容　206

6　特別支援教育コーディネーターの役割と課題　207

事例11　**中学校：学校生活場面での合理的配慮**
思春期の心に寄り添った合理的配慮

1　**中学校の学校生活場面における合理的配慮**　209

（1）小学校から中学校で変わること　209

（2）思春期による心と身体の変化　210

（3）中学校の学校生活場面で行う合理的配慮のポイント　211

2　**学校生活場面での合理的配慮の実践例**　213

（1）学校生活場面について　213

（2）実践例の紹介　213

事例12　**特別支援学校：学校生活場面での合理的配慮**
仲間関係を育むための評価ツール「グリーンポイントシステム」の実践
——他者に認められる経験を通した学校生活場面での合理的配慮——

1　**合理的配慮による「気持ちの安定」の重要性とオーダーメイドの支援**　217

（1）「気持ちの安定」なくして成長なし　217

（2）オーダーメイドの支援　218

（3）教師、保護者、地域がみんなで支える評価のシステムづくり　218

2　「グリーンポイントシステム」とは　219

（1）筑波大学附属大塚特別支援学校中学部での実践から　219

（2）評価ツール「グリーンポイント」とは？　220

3　「グリーンポイントシステム」の実際　221

（1）実践した知的障害を主とする特別支援学校について　221

（2）システムを実践するに当たっての最初の壁　222

（3）「グリーンポイントシステム」実践の様子　222

（4）評価ツール「グッドポイント」の誕生　223

（5）ツールはただのツール　224

（6）実践した教師や保護者への効果と評価システムの課題　225

（7）すべての子供に配慮した組織的な賞賛・評価　226

事例13　**特別支援学校：学校生活場面での合理的配慮**
児童生徒の「主体性」を生かす支援の在り方と合理的配慮

1　特別支援学校での合理的配慮について押さえておきたい考え方　227

（1）「教育内容」における合理的配慮に関して、児童生徒が個々の
目標や手立てを理解して学習に取り組むようにすること　228

（2）「教育方法」における合理的配慮に関して、児童生徒が個々に
必要な合理的配慮を理解し、周囲に求めることができるよう
にすること　228

2　実践例　229

（1）「教育内容」における合理的配慮に関して　229

（2）「教育方法」における合理的配慮に関して　232

第 **1** 章

インクルーシブ教育と
これからの学習指導

筑波大学 教授
柘植雅義

はじめに

　『共生社会の時代の特別支援教育』と題する本シリーズ全3巻の第2巻は、「学びを保障する指導と支援——すべての子供に配慮した学習指導——」と題して、通常学級、通級による指導、特別支援学級、特別支援学校などにおける指導と合理的配慮について整理し、これからの取組課題を論じる。そして、実践編では、各教科や学校生活場面に応じたそれぞれの指導と合理的配慮について紹介する。

　第2巻に深く関わるキーワードは、指導・支援の実際、アセスメント、指導技法（RTI、ABA、SST）、授業改善、個別の指導計画、個別の教育支援計画、学級経営、通級による指導、特別支援学級、特別支援学校、授業研究会、研究授業、教材・教具、幼稚園、小学校、中学校、高等学校、他、であろう。

　そこで、まずこの第1章では、インクルーシブ教育とこれからの学習指導について概観する。

 ## 合理的配慮——学習指導と学びの保障——

　何らかの障害のある子供が、幼稚園や小中学校・高等学校の通常学級で学習する場合には、一人一人の実態やニーズに応じた（カスタマイズされた）合理的配慮が必要となる。

　合理的配慮の定義（国連の障害者権利条約、及び、中教審における）については、第1巻第1章を参照のこと。

　次に、特に教育の分野における合理的配慮の構成（構造）を示す。

表　教育分野における合理的配慮の構成（構造）

①教育内容・方法
①-1　教育内容
①-1-1　学習上又は生活上の困難を改善・克服するための配慮
①-1-2　学習内容の変更・調整

	①－2　教育方法
	①－2－1　情報・コミュニケーション及び教材の配慮
	①－2－2　学習機会や体験の確保
	①－2－3　心理面・健康面の配慮
②支援体制	
	②－1　専門性のある指導体制の整備
	②－2　子供、教職員、保護者、地域の理解啓発を図るための配慮
	②－3　災害時等の支援体制の整備
③施設・設備	
	③－1　校内環境のバリアフリー化
	③－2　発達、障害の状態及び特性等に応じた指導ができる施設・設備の配慮
	③－3　災害時等への対応に必要な施設・設備の配慮

障害者差別解消法「基本方針」における「合理的配慮」の解説

障害を理由とする差別の解消の推進に関する基本方針（平成27年2月24日閣議決定）

- ○ 「障害者が自ら、合理的配慮が必要だという意思の表明をすることにより、合理的配慮を行うことを求めている」ということ。

- ○ 「合理的配慮は、障害の特性や社会的障壁の除去が求められる具体的場面や状況に応じて異なり、多様かつ個別性の高いもの」とされていること。

- ○ 「合理的配慮の内容は、技術の進展、社会情勢の変化等に応じて、変わり得るものである」ということ。

- ○ 「合理的配慮を必要とする障害者が多数見込まれる場合、障害者との関係性が長期にわたる場合等には、その都度の合理的配慮の提供ではなく、環境の整備を考慮に入れるとよいだろう」ということ。

- ○ 「基礎的環境整備の状況によって、提供される合理的配慮の内容は異なる」ということ。

- ○ 「過重な負荷かどうかは、個別の事案ごとに思案すべき事項であり、過重な負担に当たると判断した場合は、障害者にその理由を説明するものとし、理解を得るよう努めることが望ましい」ということ。

- ○ 「そして、本法律の趣旨が深く理解され、法の施行の成果が広く行き渡っていくためには、関係者や地域の理解啓発や、幼少の頃からの教育の果たす役割は大きい」ということ。

■教育の多様な仕組み

　障害のある子供一人一人に向けて、教育の多様な仕組みを用意することが重要である。

　例えば、小中学校では、通常学級の他に、通級による指導や特別支援学級が用意されている。さらに、特別支援学校も用意されている。子供一人一人の就学については、就学支援資料（文部科学省）を参照のこと。

　また、特別支援学校の子供が居住地校交流等で、幼稚園や小・中・高等学校で学ぶ場合には、その際にも子供一人一人によって合理的配慮が必要となる。

　そして、障害のある子とない子がただ一緒にいればよい、ということではなく、誰もが「十分な教育」が受けられることが重要である。

② すべての子供に配慮する

　「学校の中、教室の中は、多様性に溢れている」（柘植、2013）。身体、性格、気質（柘植・秋田、2010）、学力、体力、才能、言語、国籍……。

　このような中、一人一人を一層大切にする教育が期待されている。そして、人に優しい教育のために、人権を大切にする教育のために。しかし、以前は、「十把一絡げ」（柘植、2002）の状態であり、一人一人の個を見ていなかったし、個を見ることの重要性をも理解しなかった。

　平成 28（2016）年、日本で、国際心理学会議 ICP2016 が開催され、8000 名ほどの心理学者が世界から横浜に集まった。そして、その会議のテーマが、Diversity in Harmony: Insights from Psychology（調和の中の多様性：心理学からの洞察）であり、まさに、多様性が議論される形となった（Tsuge, 2016）。

　そのような中、ユニバーサルデザインとかインクルーシブデザインといった概念が注目され、例えば、幼稚園や小学校、中学校、高等学校に

おける通常学級では、発達障害など種々の障害のある子供が共に学んでいるという前提で、授業づくりや授業展開がなされるようになってきた。取り出し（pull-out）の個別指導とか小集団指導ではなく、そもそものホームである通常学級の中で、そのような子供も含め、すべての子供に寄り添った授業の展開がなされ始めている。ただ一緒にいればよい、という時代があったとすれば、一緒にいて、しかも、誰もが確かに十分に学べる、ということを目指している。

　そして、必要に応じて、その場で、合理的配慮を提供した授業の在り方の模索が始まっている（柘植、2017）。

 「個別の指導計画」と「個別の教育支援計画」

　障害のある子供一人一人に対して、質の高い指導を実践する仕組みの一つとして、一人一人に個別に作成する指導と支援の計画が用意されている。

> **「個別の指導計画」**
> 　「個別の指導計画は、個々の児童の実態に応じて適切な指導を行うために学校で作成されるものである。個別の指導計画は、教育課程を具体化し、障害のある児童など一人一人の指導目標、指導内容及び指導方法を明確にして、きめ細やかに指導するために作成するものである。」（「小学校学習指導要領解説　総則」）
>
> **「個別の教育支援計画」**
> 　「平成15年度から実施された障害者基本計画においては、教育、医療、福祉、労働等の関係機関が連携・協力を図り、障害のある児童の生涯にわたる継続的な支援体制を整え、それぞれの年代における児童の望ましい成長を促すため、個別の支援計画を作成することが示された。この個別の支援計画のうち、幼児児童生徒に対して、教育機関が中心となって作成するものを、個別の教育支援計画という。」（「小学校学習指導要領解説　総則」）

さて、「個別の指導計画」の作成や活用に当たっては、通常学級で学ぶ障害のある幼児児童生徒の場合は、障害の特性や学習上・行動上の課題を丁寧に把握し、それを踏まえて、計画を作成することになる。中学校や高等学校の場合は、教科担任制となることから、作成や活用に当たっては、担当する教員集団での共通理解や共同の取組が必要になってくる。

小学校や中学校における「通級による指導」（高等学校においても平成30〔2018〕年度から運用開始）を利用する児童生徒の場合は、通級による指導を行う際の計画とともに、大半の時間を過ごす通常学級における計画を作成することになる。

さらに、小学校や中学校における特別支援学級においても、作成することになる。

一方、特別支援学校の幼児児童生徒が、「交流及び共同学習」として、幼稚園・小・中・高等学校で学ぶ場合にも、個別の指導計画に記述することになる。

なお、「個別の教育支援計画」については、第3巻の第1章で詳しく解説する。

■法的根拠

法令上では、発達障害者支援法（平成28〔2016〕年6月改正）の（教育）第8条において、

国及び地方公共団体は、発達障害児（18歳以上の発達障害者であって高等学校、中等教育学校及び特別支援学校並びに専修学校の高等課程に在学する者を含む。以下この項において同じ。）が、その年齢及び能力に応じ、かつ、その特性を踏まえた十分な教育を受けられるようにするため、可能な限り発達障害児が発達障害児でない児童と共に教育を受けられるよう配慮しつつ、適切な教育的支援を行うこと、個別の教育支援計画の作成（教育に関する業務を行う関係機関と医療、保健、福祉、

第1章　インクルーシブ教育とこれからの学習指導

> 労働等に関する業務を行う関係機関及び民間団体との連携の下に行う個
> 別の長期的な支援に関する計画の作成をいう。）及び個別の指導に関す
> る計画の作成の推進、いじめの防止等のための対策の推進その他の支援
> 体制の整備を行うことその他必要な措置を講じるものとする。

とされた。

　また、小学校・中学校の学習指導要領改訂（平成29〔2017〕年3月）
では、総則の解説において、以下のとおり明記された（引用は小学）。

> 　今回の改訂では、特別支援学級に在籍する児童や通級による指導を受
> ける児童に対する二つの計画の作成と活用について、これまでの実績を
> 踏まえ、全員について作成することとした。
> 　また、通常の学級においては障害のある児童などが在籍している。こ
> のため、通級による指導を受けていない障害のある児童などの指導に当
> たっては、個別の教育支援計画及び個別の指導計画を作成し、活用に努
> めることとした。

④ 指導法、指導技法

　近年、通常学級、通級による指導、特別支援学級において、指導・支
援の工夫した取組が蓄積されてきている（柘植・小林・飯島・鳴海、
2016；柘植・杉本・笹山・河本、2016）。

■効果が期待できる指導・支援（科学的根拠に基づいた指導・支援）

　「なぜ、その子に、そのような指導をするのか？」と問われたら、ど
のように答えられるだろう。「経験と勘と度胸」から「根拠（エビデンス）」
に基づく指導・支援にしていくことが大切である。そのために、多様な
指導技法・支援方策の中から、対象となる幼児児童生徒に適切なものを
選択する必要がある。近年、教育学や心理学の視点から障害のある人へ

7

の指導・支援に関する研究が盛んに行われてきていて、学術研究の豊富な蓄積があることにも留意したい。

■指導技法の格付けの問題

日本で見ることはないが、オーストラリア等諸外国では、「指導方法の格付け」が行われ、公表されてきている。その背景には、効果が検証されている方法で指導すべき、という重要な考えがある。米国 IDEA においては、読みや書きの指導において効果が期待できる方法で行うことの記載がある。

■種々の指導技法とその有効性と限界

近年、RTI（Response to Intervention/Instruction）、ABA（Applied Behavioral Analysis）、SST（Social Skill Training）等という語を学校教育現場でもよく聞くようになってきた。学術的な検証が続き、その指導・支援事例の蓄積が進む。

■障害のない子供への指導・教育

さらに、障害のある子供と共に学ぶ、障害のない子供への何某かの特別な指導・支援についての研究開発や実践事例の蓄積が求められる。

5 授業改善、授業研究会

教師の最も重要な業務は、授業をすることであり、学校における子供への教育の最も中核的な形態である。そして、特別支援教育の分野では、近年、授業研究会の様々な工夫がなされてきている（柘植・堀江・清水、2012）。

第1章 インクルーシブ教育とこれからの学習指導

■授　業

　教師が、諸分野の知識や技能を児童生徒に習得させるために行う活動である（以前は、講義や一斉教授など教師中心の授業が伝統的であったが、今日では、生徒の自主性や経験が重んじられ、多様な授業方式がある。特に、小中学校の授業の進化が大きい）。また、「教師が、ある内容（教材）を子どもたちに教える時に、一定の時間内で一定の場所でという拘束された活動」（「つまり、教師、内容（教材）、子ども、時間、場所が複雑にからんだ活動」）（宮崎、1985）とも言われる。これに、いわゆる、ゴール（目標）とルート（方法・計画）が加わることになるだろう。

■授業研究会

　よりよい授業にしていくための仕掛けの一つであり、教師の授業力向上の仕組みの一つでもある。近年、諸外国からも日本の授業研究会の仕組みに注目が集まり、いろいろな試みが始まっている。

授業研究の方法
① 直接に研究授業を参観し、授業者と参観者との協議により深める
② 前もって録画した授業ビデオを視聴して協議する
③ 同僚教員や参加者を児童生徒に見立てて模擬授業をする
④ 参加者が各自の授業実践の資料を持ち寄り協議する

授業研究のねらいと参観の視点（評価の視点）
① 指導技術と授業の基盤づくりを中心とした参観の視点
② 授業デザインと目標達成を中心とした参観の視点
③ 学習指導案と授業者の意図を中心とした参観の視点
④ 研究仮説の検証を中心とした参観の視点

授業研究会のレベル
① 1人授業研究会
② 学年、学部での授業研究会

③　全校での授業研究会

④　複数の学校での合同授業研究会（中学校ブロック、他）

⑤　公開授業研究会

⑥　大学教員などを助言者として招いた授業研究会

障害のある子とない子が共に学ぶ授業

○通常学級におけるユニバーサルデザインの授業

○通常学級と通級による指導の連携

○通常学級と特別支援学級との「交流及び共同学習」の授業

○特別支援学校の子供が幼稚園・小・中・高等学校で学ぶ場合

【参考文献】

Tsuge Masayoshi (2016) Diversity of Learning in Classroom and Role of Psychology in Japan : The history, the present situation, and the prospects. (Public Lecture) 31th International Congress of Psychology : ICP2016 Yokohama, Japan/2016-07-26.（柘植雅義（2016）「日本の教室における多様な学びと心理学の役割：その歴史、現在、そして将来」国際心理学会議 ICP2016，横浜）

柘植雅義・小林玄・飯島知子・鳴海正也編著（2016）『全国の特色ある30校の実践事例集：「通級による指導」編』ジアース教育新社

柘植雅義・杉本浩美・笹山龍太郎・河本眞一編著（2016）『全国の特色ある30校の実践事例集：「特別支援学級」編』ジアース教育新社

柘植雅義・堀江祐爾・清水静海編著（2012）『教科教育と特別支援教育のコラボレーション―授業研究会の新たな挑戦―』金子書房

柘植雅義（2017）発達障害と教育における「合理的配慮」．ラジオNIKKEI『小児科診療 UP-to-DATE』（放送／アーカイブ（オンデマンド））/2017-03-08

柘植雅義（2013）『特別支援教育―多様なニーズへの挑戦―』（中公新書）中央公論新社

バーバラ・K・キーヨ著、柘植雅義・秋田喜代美訳（2010）『教室の中の気質と学級づくり―縦断研究から見えてきた個の違いの理解と対応―』金子書房

柘植雅義（2002）『学習障害（LD）―理解とサポートのために―』（中公新書）中央公論新社

宮崎直男（1985）『養護学校の授業入門』明治図書出版

第 **2** 章

一人一人の教育的ニーズ
に応じた学習指導

筑波大学 教授
熊谷恵子

個々の子供の学習スタイルに応じる一斉授業

　2012年等の文科省の全国調査によると、発達障害の傾向がある子供たちは、およそ6.5%となっている。これらの子供たちは、知的障害や身体障害等がなくても、障害は持ち合わせているということになり、それは、通常の学級の中でもあり得る、ということなのである。これらの子供たちの特徴としては、発達のバランスが悪いことであり、特に、知的能力を司る認知能力の間には、大きなアンバランスが生じていることが考えられる。そのために、知能という大きな器に入る知識やスキルなどが入りにくくなる。

知的水準と認知能力、及び学力

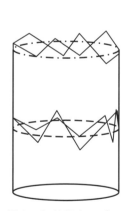

図1　知的能力のバランスの個人差

　誰でも人には得意不得意はあるが、これが極端な場合には、図1の右図のようになり、知的能力の全体的な能力水準が低くなくても、知識や技能は、あまりにも習得することが困難な状況になってしまう。そもそもこのような状態があることを考慮に入れないと、指導する側が経験的

に「こうやれば絶対分かるはず」という指導が効いているのかどうかは、それぞれの子供によって異なるはずなのである。一斉授業においてもそれは考えておくべきである。

すなわち、人は皆異なった学習スタイルを持っている。私たちは、一人一人の子供に彼らの好みの学習スタイルを使えるような機会を提供すること、そして、学習の異なるスタイルを使えるように授業のやり方には一定の幅を持たせることに気付くべきである。学習スタイルとは、一人一人の学習するときのやりやすい環境、使いやすい感覚・処理様式である。この学習スタイルに合わせられる授業のやり方を考えることが大切である。

そもそも様々な子供たちに対する一斉授業の中で、一人一人の学習スタイルにぴったりと適合させる授業を行うのは不可能である。しかし、様々な学習スタイルを持つ子供たちが、どこからでも授業内容にアクセスできるように、授業のやり方に一定の幅を持たせる、ということはできるはずである。

ところで、学習スタイルとは、一人一人が持っている「学習のしやすさ」であり、カルボによると、図2のような要素がある。これは、刺激の型を五つに分けて、それぞれにどのような要素があるのかを示している。それぞれについて説明する。

図2　学習スタイルの構成要素（Carbo, M. et al.1988）

（1）環境的

ここには、物理的な環境が含まれる。学習する場面の音の環境、光の環境、温度、部屋などの設計である。

①　音

音の刺激は、一般的には、学習することを妨げる方向に働くものである。では、無音状態だと人は落ち着いて学習できるだろうか。いやそうでもない。人によっては、生活音がたくさんある居間で学習した方がいいこともある。また、イヤホンから、自分の好きな曲を聴いていた方がいい場合もある。自分が好きな曲にもいろいろある。歌詞がない曲、歌詞がある曲、クラシック、ロックなどである。どのような音の環境がいいのか、それを意図的に選ぶことも必要なのではないだろうか。また、聴覚の過敏性がある場合には、特定の音を除外できるような耳栓をするなど、そのようなことも必要になってくる。

②　光

光環境は、重要である。現在、視覚に過敏性のある多くの人が、筆者の元を訪れている。視覚からは、様々な感覚の中の80％は情報入力があるという大切な感覚である。そのため、光環境を考えることは重要である。

太陽光は、**図3**のように、あらゆる波長の可視光のスペクトラムがほぼ一様ふくまれている状態である。しかし、人工光である電灯、最近は、蛍光灯やLEDが建物の中に使用されていることが多いが、それらは、**図4**のように、太陽光とは全く異なるスペクトルの形になっている。この例で言うと、蛍光灯では、緑や黄色が強く鋭い形のスペクトルになっているが、LEDは、青の光がとても強い。これらの光の感じ方は一人一人によって異なっており、特に、可視光に関する視覚の過敏性がある人にとっては、どの光環境の中で学習するかということは、重要な問題となってくる。Irlen, H. は、このような視覚の過敏性を Scotopic

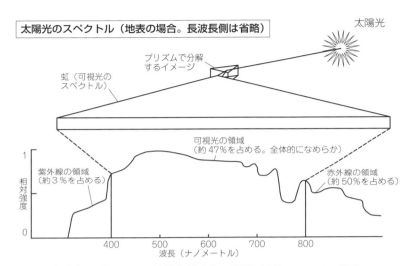

図3　太陽光スペクトルの波長と強度との関係（水谷、2015より引用）

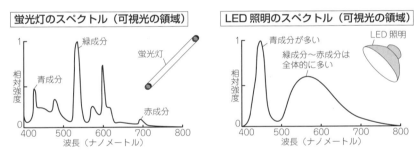

図4　蛍光灯とLEDの光スペクトルの波長と強度の関係（水谷、2015より引用）

Sensitivity Syndrome（SSSと略す。アーレンシンドロームとも言う）と言う。これがあると、人は、本の文字が動くなど、よく読めなかったり、文字の背景である白い紙が光って見えたりする。

　このような光源の特徴は、視覚の感覚過敏のある人にとっては、とても重要な問題である。

③　温　度

　これも常識的に考えれば、適応温度があることは理解できる。気温

0℃の中での学習と気温35℃の中での学習は、いずれも難しいと予測できるであろう。では、子供の適温は何℃ぐらいであろうか。温度変化に対する過敏性や鈍麻性がある子供もいるので、気を付けなければならない場合もある。

④　設　計

設計という要素の中にも、部屋の大きさ・広さ、机を壁に向けて配置する、部屋の中の物の配置の仕方、カーテンの色など様々な物がある。また、誰か好きなアーティストのポスターがあると励みになるのかもしれない、など、様々な観点がある。

（2）情緒的

① 動機付け

学習して、テストができたら、お母さんが微笑んでくれる、頭を撫でてくれる、ゲームが1時間できるなど、学習の目標や効率にも動機付けは、非常に大切な役割をする。それらは、結果に対する正の強化子であるが、途中段階でも、シールをあげるよ、それが5枚貯まったらご褒美シールをあげようね、などとトークンを採用すると励みになるような場面を設定することもあり得る。

② 持続性

最近、多動性や衝動性が高い子供も注意欠如多動症（AD/HD）という発達障害として、注目を浴びている。このような子供たちは、注意の集中力がもたないために、本来持っている高い能力を使用することができなかったり、発揮したりできない。持続時間の短い子供にとっては、「忍耐を養う」ために、我慢させて座らせておいても困難さは変わらない。むしろ、学習内容を変えることによって、目先を変えて異なる内容を学習させたりする方が生産的である。興味や動機付けが変わることによって、集中の持続時間は変わるものであるので、単に我慢させる、ということは得策ではない。例えば、15分しか集中力がもたない人であれば、

15分ずつ、国語から社会、社会から算数などと科目を変えていく、あるいはお休みを入れる、などをしてみるとよい。

③　責　任

人は責任を持つと、より学習に対する動機付けが高まることがある。「私は学級委員長だから、勉強も頑張らないと。スポーツも頑張る」などと、直接の委員の役割だけではなく他のことにも影響を及ぼす。発達障害のある子供であっても、彼らができる仕事を選んで、学級のために力を発揮してもらうことが重要である。その仕事が成功していれば、自己効力感も高まるし、学習にも意欲が般化する。

④　構　造

環境や学習内容の「構造化」ということはよく言われることである。ここで取り扱う情緒的構造化とは、何かに取り組ませたい場合に選択肢を設けることである。例えば、子供に家事を手伝ってもらいたい場合に「そうじをしておいてね」と要望をそのまま伝えるのではなく、「そうじをするか、洗濯をするか、買い物に行くか、どれかやってくれる？」と頼むと、子供の選べる自由度が確保され、より手伝いやすくなるということである。

（3）社会的

社会的に、どのような人がいて、何人で学習を行う方がいいのか、それについても、様々な組み合わせがあるだろう。二人組でディスカッションしながらやった方がいいかもしれないし、また、さらに多くの仲間がいるといいかもしれない。また、一人一人の役割を決めたチームで行うことも考えられる。子供たちだけではなく、大人と1対1で学習を進めるとよいかもしれないし、大人も子供もいるところでの学習がよいかもしれない。このように、周りにどのような人やメンバーがいるかについて調整を行うことも、学習をやりやすくする一つの重要要因となる。

（4）身体的

① 知　覚

　感覚には、五感（視覚、聴覚、体性感覚〔触覚・運動覚〕、嗅覚、味覚）
がある。その中で、どのような学習でも用いる視覚、聴覚、体性感覚（触
覚・運動覚）は重要である。これらの中でどのような感覚からの入力の
処理が得意なのかということは、個人個人によって異なる。そこで、以
下のように、それぞれの感覚が異なる場合のことも考えなければならな
い。

Visual learner（視覚優位な学習者）

　　見ることによって学習しやすい。子供の視線に注意して視線の高さ
　で、指導者が身体を動かすなどして見せる。ビデオ、スライド、図、
　色つきマーカー、チョークを使う。本（絵も文字も）を見せる機会
　を多く持つ。

Auditory learner（聴覚優位な学習者）

　　聞くことによって学習しやすい。ラップなどリズムのよい歌を使っ
　たり、抑揚のある読み方などを行う。CD、音響機器で、曲や音楽
　を流す。擬態語・擬音語などを多用する。

Kinetic learner（体性感覚（運動）優位な学習者）

　　身体を動かしてとにかくやってみることによって学習しやすい。具
　体的に活動する（歩いたり、作ったり、料理したり、出掛ける）。
　校外学習などの移動運動を伴う場合なども入る。

② その他（食物摂取、時刻、移動）

　通常は、お昼ご飯を12時に食べたら2時頃が生理的に眠くなる時間
である。また、夕食後は、同じように、その2時間後ぐらいがとても眠
くなる。そのような食物摂取の時間との関係を考えて効率的に学習でき
る時間が、その子供によってどのようになるか、考えることも必要であ
ろう。その他、粗大運動の中でも移動を伴うような学習の仕方もある。

第2章　一人一人の教育的ニーズに応じた学習指導

例えば、校外学習などはそれに当たると考えられる。

（5）心理的

分析的・全体的、大脳半球優位性という分類は、かつて、心理学的には、ケイガンという人の熟慮型・衝動型と共通している。脳の中の処理の場所はともかくとして、人間には、外界から入力された情報に対して部分的・全体的という大きな二つの処理過程がある。これは、現在では、ルリアの継次処理・同時処理と言われている分類にも通じるものである。このような学習者に対して、カウフマンは、それら、得意な方を活用して学習することの重要さを唱えている。次のような指導方略の原則を提示している。

Sequential learner（継次処理優位な学習者）

一つずつの情報を時間的に系列的に処理することにより学習しやすい。

Simultaneous learner（同時処理優位な学習者）

複数の情報を同時的・全体的に処理することにより学習しやすい。

表1　継次処理様式・同時処理様式のそれぞれの得意な人に対する指導の原則

［継次型指導方略］の原則	［同時型指導方略］の原則
段階的な教え方	全体をふまえた教え方
部分から全体へ	全体から部分へ
順序性の重視	関連性の重視
聴覚的・言語的手がかり＊	視覚的・運動的手がかり＊
時間的・分析的な考え方	空間的・統合的な考え方

カルボラ（1986）の学習スタイルの中で、身体的・心理的な視点を授業の中に取り入れるとすると、アンバランスが著しい子供のいるクラスで行う授業には、どのような配慮が必要であろうか。

まず、身体的という刺激の型の中で、知覚に焦点を当ててみる。**図5**は、アクセレレーティドラーニング（Accelerated Learning）というも

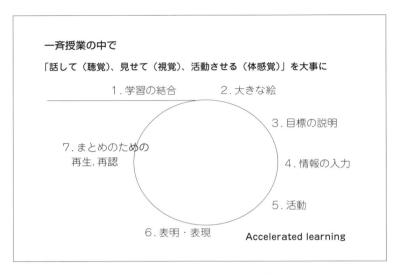

図5 アクセレレーティドラーニングにおける授業のやり方

のであり、イギリスで Alistair（1996、1998）によって紹介されているものである。

1. 学習の結合（Connect the Learning）：前の授業の復習と今回の授業との関係を語る。
2. 大きな絵（Big Picture）：大きな絵を見せて非言語的に授業内容の提示を行う。
3. 目標の説明（Describe the Outcome）：口頭で目標（目当て）の説明を行う。
4. 情報の入力（Input）：様々な情報を入力する。
5. 活動（Activity）：手足や口、体を動かして作業したり議論したりする。
6. 表明・表現（発表）（Demonstration）：自分たちで考えたことなどの発表を行う。
7. 復習と覚えるためのまとめ（Review for Recall and Retention）：いわゆる今回の授業のまとめを行う場面である。

第2章　一人一人の教育的ニーズに応じた学習指導

　この授業のやり方は至極一般的なもので特別なものではない。しかし、特別支援教育の観点から授業を行う場合に、重要なポイントがある。すなわち、普段の授業は1、3、4、7の段階のように、説明を口頭でするなど、聴覚的言語、または板書するなど視覚的言語に頼りがちになるところを、それだけではなく、2の段階で、大きな絵や図を用いることを強調し視覚的に内容を伝えることの重要さを指摘している他に、5と6の段階では、周りの子供たちと議論をすることを通して、自分で口を動かして実際に言ってみることや非言語的な表現をとることで体を動かすという体性感覚や運動覚をも使うことを意識しているのである。先述したように、視覚、聴覚、体性感覚・運動覚というものすべてを一つの授業の中で使うことによって、どの感覚が優位な人も、授業の内容にアクセスできるということになる。

　さらに、継次処理能力と同時処理能力にアンバランスがある子供がいる場合には、どのようにしたらよいだろうか。継次型指導方略、同時型指導方略の二つの指導方略は、相対する正反対の指導方略となる。しかし、できれば、これら二つの要素を同じ授業にどちらも入れられると理想的である。**表1**の詳細な検討の内容は、具体的には、次ページの**表2**のようになる。

　これら学習内容の聴覚的・視覚的な提示を行ったり、話すことによって口を動かしたり、書くことによって手を動かすなど運動覚を使う機会を与えたり、継次的指導方略や同時的指導方略の視点を組み込むことによって、授業のやり方に幅を持たせることは、一斉授業の中で、一人一人の子供たちが授業の内容にアクセスできるようになるためには必要である。**図6**のように、幅を持たせることにより、アンバランスがある子供たちにもより分かりやすい授業にすることができるのではないだろうか。

21

表2　継次型指導方略と同時型指導方略の詳細な観点

段階的な教え方	全体を踏まえた教え方
スモールステップになっているか	一度に全体が分かるように工夫されているか
具体的な行動レベルが示されているか	概略化されているか
部分から全体へ	**全体から部分へ**
小さな要素から大きな要素や全体への流れが明確になっているか	はじめに全体が提示され、大きなところから部分的な要素へ流れが明確になっているか
順序性の重視	**関連性の重視**
右から左へ、上から下への流れがすっきりとして分かりやすい	はじめと最後の状態が分かりやすく示されているか
短冊を一列に並べる、矢印を入れる、番号をふるなどの工夫があるか	手続きをあまりにも細かく分けていないか
聴覚的・言語的手がかり	**視覚的・運動的手がかり**
聞かせる内容があるか	見せる内容があるか
言わせる内容があるか	動作化したりする内容があるか
時間的・分析的	**空間的・統合的**
時間経過に沿っているか	二次元空間の位置情報を活用しているかどうか
詳細な分析的な視点が入っているか	関係性を概略的・統合的に示しているか

個々人の得意・不得意をある程度カバーできる授業へ

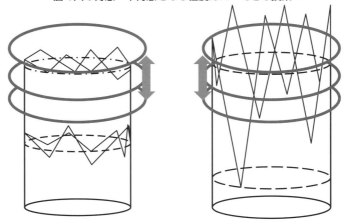

図6　幅のある授業による得意不得意のアンバランスの個人差への対応

第2章　一人一人の教育的ニーズに応じた学習指導

 基礎的環境整備と合理的配慮

(1) 基礎的環境整備

　基礎的環境整備と合理的配慮の関係は、**図7**のようになる。一人一人の合理的配慮を行う前に、まず基礎的環境整備がどれくらい行えているかということに注目しなければならない。

　基礎的環境整備には、八つの項目がある（**表3**）。これらの中には明確には当てはまらないが、授業をよりユニバーサルに多くの子供が理解できるような工夫をすることは必要である。先述したようなアクセレーティドラーニングで視覚・聴覚・体性感覚（あるいは運動覚）のアンバランスに耐えるような授業のやり方やルリアの理論として脳の情報処理を捉えた場合の継次処理能力、同時処理能力のアンバランスに耐えるような授業のやり方（**表1、2**）のように、1回1回の授業で多くの感覚や処理様式に訴える授業を行うことは、基礎的環境整備をより確かにする方法であろう。このような授業のやり方は、合理的配慮の前の段階として、基礎的環境整備を整えることにつながる。そして、基盤となる基礎的環境整備を行うことによって、より多くのニーズに応えること

表3　基礎的環境整備の8項目

①	ネットワークの形成・連続性のある多様な学びの場の活用
②	専門性のある指導体制の確保
③	個別の教育支援計画や個別の指導計画の作成等における指導
④	教材の確保
⑤	施設・設備の整備
⑥	専門性のある指導体制の整備
⑦	個に応じた指導や学びの場の設定等による特別な指導
⑧	交流及び共同学習の推進

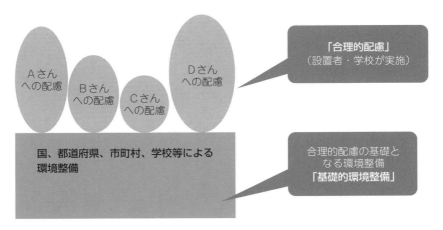

図7　基礎的環境整備と合理的配慮の関係

ができるならば、図8のように、ＢさんとＣさんに対しては、基礎的環境整備を手厚く行うことによりそれぞれに行う合理的配慮の必要がなくなる、というように、一人一人の合理的配慮が必要な子供たちが減ることにつながるのではないだろうか。そのためにも、授業に幅を持たせることが重要であると考える。

（2）合理的配慮

　基礎的環境を整備した上での合理的配慮については、3観点11項目がある（本書 pp. 2-3の表参照）。しかし、それぞれ個人によって、量的にも質的にも異なる。子供によっては、3観点11項目のすべてが必要になるわけではないが、一部の項目でもそれらがとても重要となる。そのため、図7にあるようなＡさん、Ｂさん、Ｃさん、Ｄさんの合理的配慮の大きさが異なるわけである。

　例えば、図9では、通常の学級の中で、2人の子供が合理的配慮の対象となっている。1人は、難聴の女子生徒であり、もう1人は読み書きに困難のある男子生徒である。このような状態の中で、難聴の生徒に対する配慮は、他の生徒にも理解されやすいが、読み書きに困難のある生

第2章　一人一人の教育的ニーズに応じた学習指導

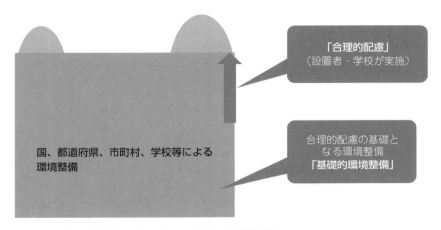

図8　基礎的環境整備を充実させた場合の合理的配慮

徒だけが、パソコンを使えるという状態であるということになると、何も説明がない場合には、他の生徒から見て「何であの人だけ使ってもいいのか」などと不公平感を感じられるかもしれない。そのため、周りの生徒に対して必ず「子供の特性や状態の公表及び説明」が必要となる。そのためには、以下の**表4**の手順を踏まえていくことが必要であろう。

表4　周囲の子供たちへの特定の子供の特性や状態の公表及び説明

第1段階	本人と保護者の意向の確認
第2段階	説明内容に関する内容の原案作成
第3段階	説明内容の合意形成
第4段階	本人が同席の上で説明を実施

　第1段階の意向の確認では、どの授業やどの学校生活場面で、何をどのように使いたいかを学校と本人、保護者で確認をしておくことである。それが理にかなった配慮であることとして双方で合意した場合には、それを周りの生徒にどのように説明したらよいかを、本人、保護者、学校（例えば担任教師など）の誰かが原案を文章で作成してみる。このときに、障害という言葉は使わなくても、特性としていろいろな表現で伝えるこ

図9　ICTを活用して障害のある児童生徒も一緒に授業を受けている様子
（文科省、2010）

ともできるので、ともかく原案を作成して、それを土台に考えるようにする。説明の内容の原案が作成できたら、それをもとに第3段階として、説明内容の推敲を繰り返し、三者が納得できるように議論して、清書する。そして第4段階として、担任教師などがクラスの生徒に説明をし、本人はそれを実際に聞きながら、説明し足りない場合、それに加えて説明できるようにする。このようにした上で、ICTなど本人への合理的配慮の具体的な使用を行っていく。

3　一人一人の教育的ニーズに応じた学習指導

　個別で行う教育的ニーズに応じた学習指導は言うまでもないことである。これらは、学校では、通級指導教室、あるいは特別支援教室（東京都の場合）となる。このような通級指導教室は、平成30（2018）年度には、高等学校においても導入される。通常の学級に在籍したまま、あ

る特定の時間、個別に指導を受けられる場所にて、特に必要な学習を行うことができるのである。このような場での学習も、これまで論じてきたように、より個々の学習スタイルを意識した上で、学習内容や学習の指導の仕方を、WISC-ⅣやKABC-Ⅱ、DN-CASなどの心理教育的アセスメントを実施した上で、詳細に検討しなければならない。これらのやり方については、様々な他書があるため、ここでは省く。

【参考文献】
Alistair, S. 1996: Accelerated Learning in the Classroom. Network Education Press Ltd, Stafford, UK.
Alistair, S. 1998: Accelerated Learning in Practice. Network Education Press Ltd, Stafford, UK.
Carbo, M., Dunn, R., and Dunn, K. 1988: Teaching Students to Read Through Their Individual Learning Styles. Prentice-Hall, NJ.
水谷　仁（2015）『Newton別冊　光と色のサイエンス』　ニュートンプレス
文部科学省（2010）「教育の情報化に関する手引き」p.196
文部科学省（2012）「合理的配慮と基礎的環境整備の関係」
　　www.pref.tottori.lg.jp/secure/430276/kaitei27-5.pdf（2017年9月15日取得）
藤田和弘（1998）『個に応じた教育と認知処理様式　長所活用型指導で子どもが変わる』図書文化社

第 **3** 章

通常学級における支援と
合理的配慮

星槎大学大学院 准教授
阿部利彦

1 インクルーシブ教育システムとは

　インクルーシブとは「包括的な」「包容的な」という意味であり、インクルーシブ教育システム（inclusive education system）とは「包み込むような」教育システムと考えることができるだろう。これは障害のあるなしにかかわらず、誰もが共に学び、育つことができる教育の仕組みづくりだと言える。ここで大切なのは、皆が同じ場で学ぶということだけに限定されず、その子に合った学びの場を選択できるという点ではないだろうか。

　近年は学習障害を「（定型発達と）学び方のちがう子」と捉えなおす視点が重視されているが、そのベースには、子供にはそれぞれ学び方があり、その多様な学びのスタイルに合わせて学びの場も多様にしていくべきだという考えがある。インクルーシブ教育においては、まさに「多様な学びの場の整備」が一つの柱として提案されている。

　また、インクルーシブ教育におけるもう一つの柱は、「合理的配慮」である。これは、障害のある子供が十分に教育を受けられるための「理にかなった」配慮だ。

2 合理的配慮とは

　障害者の権利に関する条約「第2条 定義」によると、合理的配慮とは「障害者が他の者との平等を基礎として全ての人権及び基本的自由を享有し、又は行使することを確保するための必要かつ適当な変更及び調整であって、特定の場合において必要とされるものであり、かつ、均衡を失した又は過度の負担を課さないもの」とされている。

　教育の場における合理的配慮の具体的観点については「共生社会の形成に向けたインクルーシブ教育システム構築のための特別支援教育の推

進（報告）」に示されている。その観点とは、(1)教育内容・方法、(2)支援体制、(3)施設・設備の三つである。特に(1)については、教育内容として、①学習上又は生活上の困難を改善・克服するための配慮、②学習内容の変更・調整が、教育方法としては、①情報・コミュニケーション及び教材の配慮、②学習機会や体験の確保、③心理面・健康面の配慮が挙げられる。

<h2>3　合理的配慮の実践例</h2>

　合理的配慮については、文部科学省の「インクルーシブ教育システム構築モデル事業」において取り組まれている実践事例について検索するシステム（データベース）がある。そこでは、例えば「学習上又は生活上の困難を改善・克服するための配慮」として以下のような支援が紹介されている。

学習障害（限局性学習症）：読み書きや計算等に関して苦手なことができるようにする。別の方法で代替する、他の能力で補完するなどの指導を行う。（文字の形を見分けることができるようにする、パソコン、デジカメ等の使用、口頭試問による評価 等）

注意欠如多動症：行動を最後までやり遂げることが困難な場合には、途中で忘れないように工夫したり、別の方法によって補ったりするための指導を行う。（自分を客観視する、物品の管理方法の工夫、メモの使用 等）

自閉スペクトラム症：自閉症の特性である「適切な対人関係形成の困難さ」「言語発達の遅れや異なった意味理解」「手順や方法に独特のこだわり」等による、学習内容の習得の困難さを補完する指導を行う。（動作等を利用して意味を理解する、繰り返し練習をして道具の使い方を正確に覚える 等）

　なお、合理的配慮の実践例としては、次のようなものがある。対象は通常学級に在籍している学習障害のある低学年の児童である。担任の先

生は以下のような配慮を実施した。

○「見ることに集中できる」教室環境づくりに取り組む。

○黒板が見やすいように字の大きさやチョークの色に配慮する。

○座席は光の反射による見えにくさに配慮し本児に確認して決める。

○活動の順番を示し、ゴールを明確化する。

○時間割の変更や行事の内容等の変更に関しては、事前に黒板に書き、見通しが立てられるようにする。

○視覚以外の感覚（多感覚の学び）を取り入れる。

○片付けについては、確実に物を収納できるスペースを確保する。

　担任の先生は、子供本人や保護者と確認しながら支援を進めていくという姿勢を大切に取り組んだ。これは非常に大切なポイントである。合理的配慮で重要なのは、教員や支援員がどのような支援をしたいかではなく、その子がどのような支援を望むか、あるいは必要としているかという視点ではないだろうか。また、これらは対象児童への支援ではあったが、見通しを持たせる支援などは、通常学級に在籍している他児にとっても「あると便利な支援」と言うことができる。さらにこれらの取組によって、結果としてクラス全体が落ち着いたという点も付け加えたい。

④　教育のユニバーサルデザインという考え方

　合理的配慮に取り組むための観点として、「教室環境づくり」「授業づくり」「学級づくりにおける配慮」の３点があると私は考えている。例えばADHDの児童生徒への合理的配慮を検討する際には、以下のような整理ができるだろう。

（1）　教室環境づくり

　①　教室内の刺激量を調整する

　②　掲示物の整理整頓・精選を行う

　③　持ち物の管理方法についての工夫

(2) 授業づくり
　① 視覚化の工夫、多感覚な学びの工夫
　② 興味・関心・意欲を引き出す工夫
　③ 学習内容を分割して飽きさせない工夫
(3) 学級づくり
　① 役割行動を設定し他者貢献の機会を増やす
　② お互いのよさに気付ける場にする
　③ 困ったときに援助要求が出しやすい場にする

　上記の支援は、3で紹介した事例と同様に、ADHDのある児童生徒にとって有効であるだけでなく、通常学級における対象児童生徒の周囲の子供たちにとっても安心して学べる場を構築する支援となり得るのである。

　この教室環境づくり、授業づくり、学級づくりの取組を、私は教育のユニバーサルデザイン化と関連付けている。つまり、教室環境づくりは教室環境のユニバーサルデザイン化であり、授業づくりは授業のユニバーサルデザイン化、そして学級づくりは人的環境のユニバーサルデザイン化であると考えることができる（**図1**）。教育のユニバーサルデザインとは、より多くの子供たちにとって分かりやすく、学びやすく配慮された教育のデザインであると私は捉えている。

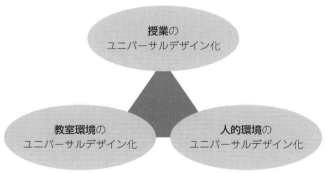

図1　教育における三つのユニバーサルデザイン

5　教室環境のユニバーサルデザイン化

　教室環境というのは様々なルールのある空間である。掲示物などを工夫することによって、特定の子だけでなく、周りの子供たち皆が快適に過ごせるような教室環境を目指していくことが教室環境のユニバーサルデザインなのである。今までは視覚化されてこなかった学校の当たり前の「暗黙のルール」のようなものを、明記して目に見えるものにすることも重要だ。さらには、環境を整えることで、子供たちがそれぞれの『いいところ』を発揮できるようになることを検討していく。

　教室環境整備について言うと「黒板の周辺に何も貼らない」という考え方が一人歩きしている印象がある。また、学校で掲示物をすべて統一する、ということもよく言われる。しかし、大事なことは、その取組が子供たちにとって本当に必要なことなのか、子供たちの主体性や意欲を引き出す支援なのか、を教員間でよく検討した上で取り組むことではないだろうか。

　教室環境のユニバーサルデザインとは、環境を整えて、安心して過ごせ、学べる空間をつくることにより、子供たちが主体的に学べる場をつくっていくことだと言える。

6　授業のユニバーサルデザイン化

　ユニバーサルデザイン化された授業とは、ワクワクさせたり興味を抱かせたりする要素が盛り込まれた、子供たちが自然と活動にのれる授業である。

　例えば、授業の冒頭では子供を授業に引き込むための「ひきつける」工夫や、本時の学習内容を明確にするための「方向づける」工夫が特に有効になるだろう。「ひきつける」を例に挙げると、導入部分で子供の

第3章　通常学級における支援と合理的配慮

関心を「ひきつける」ことと、展開部で話し合いのテーマや本時の山場部分へと「ひきつける」ことでは、その目的にも具体的な手立てにも違いが出てくる。それを念頭に置き授業を組み立てるわけだ。

　授業をユニバーサルデザイン化するための「五つのテクニック」を一時間の流れに当てはめると、**表1**のようになる（日本授業UD学会湘南支部）。なお、これはどの教科、どの発達段階の授業にも当てはめやすい「授業の型」であるが、あくまで基本型であり、この型どおりにすべての授業を展開していけばよいというわけではない。教科の特性・発達段階・授業のねらいに応じ、この型をもとに補充・深化・統合・発展させ、一時間の授業を創っていくことが必要となる。

表1　授業のユニバーサルデザイン化による授業展開

	五つの観点	手立て
導入	☆**ひきつける** ☆**方向づける** ☆**むすびつける**	＜視覚刺激で意欲を高める＞ 視覚化：本時の学習への意欲を高め、**ひきつける** 焦点化：本時のゴールを明示し、**方向づける** 共有化：本時の学習内容と子供を**むすびつける**
展開	☆**ひきつける** ☆**そろえる** ☆**方向づける** ☆**むすびつける**	＜視覚刺激を言語活動で広げ、論理を追究する＞ 視覚化：考える材料を提示し、**ひきつける** 共有化：思考過程を**そろえる** 　　　　「○○さんの言っていることが分かる？」 焦点化：考えるポイントを明確にし、**方向づける** 共有化：モデル発信・ペア・グループトークで 　　　　理解を**そろえる・むすびつける**
終末	☆**そろえる** ☆**むすびつける** ☆**分かった・ 　　できた**	＜つかんだことを表現する＞ ・「分かった」を共有化、視覚化することで「できた」へ ・モデルの提示　型の提示 ・生活へ**むすびつける**、次の時間への意欲と**むすびつける**

7　人的環境のユニバーサルデザイン化

　人的環境のユニバーサルデザインというのは、子供たちの心にアプ

ローチしてクラスの雰囲気をやわらかくし、子供たちが学び合うための環境や関係づくりをしていくことである。学級づくりのユニバーサルデザインと言い換えることもできるだろう。人的環境を整えることによって、誰かの間違いを冷やかしたり、失敗を笑ったり、からかったりという授業場面をなくし、誰もが「分からない」ことに正直になれる場をつくっていくということである。

「教室はまちがうところ」であり「みんなちがってみんないい」という思いを共有できる、その人的環境を整えるために、クラスワイドのソーシャルスキルトレーニングが重要な役割を果たすと考えている。

学級で育成したい六つのソーシャルスキル

① あいさつに関するスキル

② 自己認知スキル

③ 相互理解のための言葉・表現スキル

④ 相互理解やセルフコントロールのための気持ち認知スキル

⑤ セルフマネジメントスキル

⑥ コミュニケーションスキル

クラス全体の社会性を高めることにより、自然に子供たちが支え合い、育ち合う雰囲気ができあがる。そして、クラスがまとまっていくのに沿って、子供も共に成長していく。子供同士が高め合う力は、時に大人の予想を越えるような、素晴らしい効果を生むと私は考えている。学校が、まさに「共生共育」実現の場となっていくことだろう。

【参考文献】

阿部利彦編著（2017）『通常学級のユニバーサルデザインスタートダッシュ Q&A55』東洋館出版社

柘植雅義編著（2014）『ユニバーサルデザインの視点を活かした指導と学級づくり』金子書房

第 **4** 章

通級による指導と合理的配慮

佐賀大学大学院 教授
日野久美子

① 通級による指導が目指すこと

　通級による指導が目指すのは、その子供の将来における社会適応をいかに高めるかということである。

　通級してくるのは、通常学級に籍をおいている子供たちである。この子供たちは、その集団の中で一斉指導を基本とする授業や活動におおむね参加できる能力を持っているが、その特性や能力のアンバランスさから、特定の学習内容の習得に対する困難さをはじめとする様々な課題を抱えたり、さらに不適応行動につながったりすることがある。このような状況において、通常学級における指導だけではその能力が充分に発揮されにくい場合に、週に1回2時間程度（子供によって月に1時間〜週に8時間）、その子供に応じた個別の指導を受ける場として、通級による指導が用意されているのである。

　通級による指導は、このような子供の困難さに的確に対応し、よりよい集団適応を目指した個別の指導を行う場でなければならない。したがって、通級による指導においては、将来的な社会適応を念頭に置きながら、まずは在籍学級における適応力を高めることに焦点を当てていく。このことが、その子供のすべての学びを土台から支え保障することにつながっていく。

　通級による指導は、単に、在籍学級で取りこぼした学習の個別指導をするところでもなく、子供の日頃のストレスを発散・受容するだけの場でもないことを、通級指導教室担当はもちろんのこと、在籍学級担任、保護者が共に理解しておかなければならない。

2　効率的な指導と合理的配慮

　通級による指導は、限られた時間で効率的に行うことが求められる。ここには、通常学級のように決まった単元（学習内容）が先にあるのではなく、その子供の持つ課題に対して、いかに指導・支援していくかを通級による指導担当教師自身が組み立てていく。したがって、「子供の姿」をどう捉えるか、つまり、子供の課題やその困難さの背景、程度等の実態把握・アセスメントが、指導全体を大きく左右することになる。このように、どこに子供の不適応の要因があるのかを探り、それにどうアプローチしていくか、という過程の中に合理的配慮を行うポイントが示されてくると考える。

(1) 子供を理解するための的確なアセスメント

　指導に当たっては、まず子供の特性及びその課題を的確に把握するアセスメントが必要である。

　「アセスメント」というと、心理検査等による個人内評価がまず考えられる。これらから得られる情報を客観的に把握することが求められるが、これによって測られた子供の特性がどのような困難さとして表れるかというのは、活動場面によって、あるいは子供の置かれた状況によって変わってくる。通級による指導では、担当との一対一の指導場面であるため、落ち着いて活動に取り組む姿もよく見られ、時にはどこに子供の課題があるのか分からないこともある。したがって、集団行動の中での適応はどの程度か、という視点から子供の課題を把握することが同時に必要なのである。

①　子供の特性を把握する

　医療機関、療育機関から提供される診断名や個別の知能検査をはじめとする心理検査、障害に応じた種々の検査からは、客観的な特性及びそ

こから予想される困難さを考えることができる。子供が現在抱えている課題の背景を、これらの情報から客観的に解釈して理解を図ることが必要である。また、これらの情報の解釈が難しいときには、保護者の了解の下、各機関と連携を図ることも積極的に行っていきたい。

② 集団の中での特性を把握する

通常学級においては、集団式知能検査や学力検査を行っている場合が多い。これらの結果から、その子供が通常学級の学習の中で、どの程度その能力を発揮できているのか知ることができる。①で得た子供の特性が集団の中での課題としてどのように表れているのか、という捉え方が必要である。同じように、在籍学級でのいろいろな授業や活動における、子供の具体的な姿や状況を把握することが大切である。

③ 学級環境の状態を把握する

子供の抱える課題の軽重は、その子供がどのような環境の中で過ごすかということに左右されることが多い。例えば、聴覚刺激に弱さを持つ子供は、その教室が静かであれば落ち着いて学習に取り組むことができるため、課題は表面化しにくい。このように在籍学級という環境との関わりを踏まえながら実態を把握することは、子供の環境との適合状態を知る上で大切である。

この他にも、例えば、教室の位置（特別教室の近くで人の往来が多く騒がしいため注意がそれやすい）、座席（教室の一番前であるため、友達の様子が把握しにくく、指示が出る度に後ろを見ている）、教室環境（道具を置く棚が雑然としているため、自分の道具の管理が1人ではできない）、担任の話し方（ていねいな話ぶりだが要点がつかみにくく、作業内容が把握できない）、級友の雰囲気（衝動性の高い友達の行動に刺激されやすい）など、いろいろな視点から多面的に評価する。

このようにして子供の実態を捉えることは、在籍学級で行うべき合理的配慮のポイントにもつながってくる。

④ 「中心の課題」を捉える

　以上のように把握していくと、その子供のある特性がいろいろな場面や状況に応じて形を変え、様々な不適応行動につながっていることに気付くことができる。そこで、このような様々な不適応行動の基になっている特性を「中心の課題」として捉え、その子供の指導を組み立てる際のベースと捉えていきたい。

　例えば、「定規をうまく使って直線が引けない子供」の実態把握を進める中で、

　　○整った文字を書くことができない（枠内にバランスよく収められないため）

　　○計算間違いが多い（筆算の繰り上がりの小さな数字を正しい場所に書くことが難しいため）

　　○体育の時間の見学が目立つ（体全体の動きや使い方もぎこちなくて上手にできず苦手意識が強いため）

　　○友達とのトラブルが目立つ（友達との距離の取り方が苦手なため）

といったような様子に気付くと、この場合の中心となる課題は、「不器用さ」と言える。そこで、通級による指導の中では、子供自身の器用さを高める学習活動とともに、不器用さを軽減する環境調整を行っていくことが必要になる。

　また、「この子供の中心となる課題は『衝動性』である」と把握すれば、例えば、「人と目を合わせ落ち着いてあいさつすることができない・スポーツやゲームでも、自分でルールを様々に変えていく・音読では、口から出てくる言葉を待てないかのように先の箇所に視線が移り、結果的に間違えて読む」、といったいろいろな行動の理解もしやすくなる。このような場合には、指導のねらいとして、「衝動性のコントロールを高める」ことを目指して指導内容を組み立てていけばよいことになる。

　子供の個々の行動をそれぞれに解釈し、その一つ一つに個別に対応しようとすると、指導の方針が定まらず、何より子供全体の姿を捉えるの

が難しくなることがある。通級による指導では、子供の「中心の課題」を、その特性と集団との関わりの場面の中で把握し、指導のポイントを絞って対応していくことが大切だと考える。

（２）効率的な指導・支援

通級による指導は、「自立活動に相当する内容を有する指導（以下、自立活動とする）」と「各教科の内容を補充するための指導（以下、教科補充とする）」から成っている。

① 自立活動と教科補充の融合

子供の適応行動を伸ばすためには、自立活動を通した学習が基本になるが、指導時間が限られた通級による指導では、自立活動と教科補充の指導をいかに融合させて指導していくかということが重要な視点となる。つまり、教科補充として在籍学級でも学習中の教材を取り上げて個別に指導する過程で、その子供に必要な自立活動の要素を取り入れて効率的な指導につなげるのである。

例えば、衝動性の高い子供にとって、算数の分度器やコンパスを使って図形を作図する学習は、描き方そのものの手順や方法は理解していても、「手際よく、正確にあるいはていねいに描く」ということは難しい。「早くきれいに仕上げたい」という気持ちは人一倍強いため、それが結果として表れないことが、さらに子供の自信をなくすことにつながっていることもある。そこで、「正しく描く」ために、「分度器の細かな目盛りやそこに当てる鉛筆の先など、注目すべきところをしっかり確認させる」「図形の線を引くときには、始点に鉛筆を置いたまま終点をまず確認させる」「線を描くスピードにも意識を向けさせて、終点を通り過ぎないように描かせる」などについて、声をかけたり実際にモデルを示したりするという指導が考えられる。これらの一つ一つのポイントは、図形を描くことだけでなく、いろいろな行動を起こす際に共通して身に付けてほしいことであり、「衝動性のコントロール力を養う」ということ

第4章　通級による指導と合理的配慮

につながる。そして、子供にも「図形を描くときに、自分でゆっくりていねいに描くことに気を付けていたね。これは他のいろんな行動のときにも使える、あなたにとってのお助けポイントだね」と伝えたい。

②　学年の学習内容を超えた系統的な教科補充

　教科補充においては、基本的に該当学年の学習内容を取り上げてその子供のペースで個別に学習することが多いが、子供の実態によっては、学年の内容を超えて系統的に学ばせることも可能である。「どこまで習得していて、どこから学べばよいのか」について、事前にあるいは指導を通して把握し、ていねいに学習を進めることができる。このことは、教科学習に限らず、体育の器械運動や音楽の楽器演奏などをはじめとする技能面の学習でも同様である。ゆっくりでも自分の上達ぶりを実感できることが、子供の意欲につながっていく。

（3）連携の下での支援

①　在籍学級・学校との連携

　在籍学級・学校の教員との連携の内容の一つは、通級による指導を受ける子供への「直接的な指導や支援の内容や方法」であり、これは合理的配慮に直結する。その際に、それが集団の中で実行可能な支援であるためには、どのようにすればよいかを共に考えることが必要である。例えば、宿題の出し方について、その量や質をどの程度どのように調節するのか、その支援を誰が行うのか、学級の他の子供との兼ね合いで無理なく行うためにはどんな配慮が必要なのか、などについて一緒に考え実践する。

　もう一つは、その子供にとって「必要な環境を学級や学校全体で整えること」である。例えば、聴覚情報を受け取るのが苦手な通級による指導を受けている子供のために、「イラスト入りの『特別教室の使い方』」の掲示を行うことなどである。それはその子供だけでなく、その学級や学校に在籍する同じようなタイプの子供にとっても有効であり、さらに

他の子供全体への配慮につながる。課題を持つ子供への「配慮の視点」を広げていくことで、学校全体の子供への合理的配慮へと広がっていく。

② 保護者との連携

通級による指導を受けるに当たって、その子供の特性や現在の課題を把握するには、保護者と担当教員との連携が欠かせない。それを踏まえ、「今の『通級による指導』でできること」と、保護者の「将来子供にはこうあってほしい」という願いを述べ合う中から、合理的配慮に基づく通級による指導の内容や方法が明らかになってくる。

③ 引き継ぎ

通級による指導を開始するに当たっての引き継ぎでは、前述した子供のアセスメントについて、各医療・療育機関や園・学校などの教育機関、保護者などとの連携が考えられる。また、指導が開始されると、在籍学級担任をはじめ在籍学校との連携が欠かせない。さらに、次の校種等に進学する場合には、それまでの指導・支援の内容をどのように引き継ぐかが重要である。

子供の成長に伴って、それまでの課題や不適応行動が小さくなることは大変喜ばしい。しかし、進学などの大きな環境の変化はまた、子供にとっても予期しないことの連続であり、大きなストレスや不安を感じることもある。「どのような場面や状況で混乱しやすいのか」ということと、「どうすれば落ち着きやすいのか」を対にして、子供が不利にならないような引き継ぎを行うことが求められる。

③ 子供が自立に向かうために

通級による指導を受ける子供の中には、その特性を背景とする失敗体験から、自分に自信を失っている子供も多い。しかし、通級による指導では、そのつまずきに応じて用意された学習内容であるため、子供は自分の苦手なことにも安心して取り組むことができる。そして何より、子

第4章　通級による指導と合理的配慮

供のその努力に寄り添い励ましながら、小さな上達を共に喜ぶ担当教員の存在がある。ここでは、このような様々な学習を通し、子供の自信を育むことができるのである。

　「社会」という「本番」の場で自立した大人になるために、まず「学級・学校」という「練習」の場で上手く適応できることを目指すことが、通級による指導に求められている。子供の姿に謙虚に向き合いながら、その方策を探り、周りに発信できる場でありたい。

【参考文献】

「特別支援学校学習指導要領解説　自立活動編（幼稚部・小学部・中学部・高等部）」文部科学省、2009年

日野久美子（2008）「子どもの課題を見極め、柔軟な対応で個に応じた指導につなげる」『LD&ADHD』No.25、明治図書出版

45

第 **5** 章

特別支援学級における指導と
合理的配慮

佐賀大学大学院 教授
日野久美子

① 通常学校における特別支援教育の拠点である特別支援学級

　言うまでもないが、特別支援学級は通常学校に設置されている。したがって、特別支援学級に在籍する子供は、「その学校の子供の一人」としての教育も当然保障され、子供の状態に応じて差はあるものの、通常学級の子供と一緒にその学校の様々な学習や活動に参加し体験を共にしながら学んでいく。このことは、特別支援学級での子供への指導や合理的配慮が、その学級内だけでなく学校全体で共有されなければならないことを意味している。また、この過程によって、すべての教員が学校内における合理的配慮の考えや具体的な方策にふれることになり、これらの手立てがすべての子供へと広がっていくきっかけともなり得る。

　このように、特別支援学級はその学校における特別支援教育の拠点であり、特別支援学級担任はその重要な鍵を握っている。ここでは、特別支援学級及びその担任としての視点も合わせて述べてみたい。

② 特別支援学級の役割

（1）在籍の子供の障害や課題の理解とそれに応じた指導・支援

① 障害及び子供の理解

　特別支援学級は、通常学校に障害の種別ごとに設置される少人数の学級（8人を上限）であり、知的障害、肢体不自由、病弱・身体虚弱、弱視、難聴、言語障害、自閉症・情緒障害の学級がある。基本的に、通常学校における生活におおむね適応できるが、日常的に何らかの支援が必要な程度の障害を有する子供が在籍している。したがって、特別支援学級担任には、これらの障害そのものに対する基礎的な知識が必要であり、これをまずしっかりと理解することが求められる。これは、その学級の

子供の障害に応じた「場としての環境」を適切に整えることにつながり、合理的配慮の土台となる。

　同時に特別支援学級担任にとって大事なことは、在籍する子供の現在の課題はどのようなことなのかを見極めることである。同じ障害種や診断名であっても、その状態は様々であって同じ子供は一人もいない。また、その障害から派生する学習上の困難さも、子供によって違ってくる。一人一人の子供について、「どこまでできているのか、今どんなことが課題なのか」を、いろいろな視点からの情報を集約してその実態を把握し理解していくことが大切である。この理解が、個に応じた指導内容やそれに伴う合理的配慮の方策へとつながっていく。

② **指導・支援**

　特別支援学級に在籍する子供への指導に当たっては、どの障害種においても、個々の障害による学習上又は生活上の困難の改善・克服を目的とした指導領域である「自立活動」の内容を取り入れることができる。自立活動には「健康の保持、心理的な安定、人間関係の形成、環境の把握、身体の動き、コミュニケーション」の6区分が示されており、学級や子供の実態に応じて、年間計画の中に特設的にあるいは週の時間割の中に計画される。これと合わせて、日常生活を始めとする学習上の様々な場面にその子供の障害が影響しているとすれば、毎日の学習や活動の中にも、自立活動のねらいを意図した指導や教師の関わりが求められる。

　例えば、「心理的な安定、人間関係の形成、コミュニケーション」の3区分を関連付けた「ソーシャルスキルトレーニング」を週時程の中に計画的に組んで行うこともある。合わせて、日常的な子供の姿に応じて声をかけたり、それを生かす場面をつくったり、できていたときは時機を逃さず認めたりすることなどである。

③ **自立につながる自己理解**

　このような自立活動を通して、子供が自己理解を図ることは大変重要である。ここで言う自己理解とは、子供が自分の障害に対して理解し、

さらにその障害理解を越えて「自分の得意なこと・苦手なこと」を認識し、「得意なことを生かすにはどのような方法があるのか、苦手なことを補うには、どのようなサポートをどこに・誰に求めればよいのか」について、発達段階に応じて理解し対応できるようになることと捉えたい。

　合理的配慮は、子供の望ましい姿を目指して段階的に用意される支援であり、子供に対して一方的に押しつけられるものではない。そして、子供の成長や自立が進めば、用意される支援の量は減っていくはずである。しかしながら、子供は将来的にその障害・特性と共に生活していくことを考えると、様々な環境の変化や思いがけない出来事等によって、克服したように思われた課題が再び大きくなることも予想される。そのようなときに、「なぜ自分は、今混乱しているのか、不安な気持ちなのか」「どのようなサポートを誰に求めれば、より早く落ち着いて生活することができるのか」を自分で考え対応できることが、最も望まれる自己理解であり、自立の姿だと考える。

　このためには、学校での支援を受けている期間に子供の理解度に応じ、「現在自分は、どんな配慮や支援を、どのように受けているのか」について、教師と一緒に振り返ったり、その内容を共に考え調整したりすることも必要であると考える。

④　子供が安心して過ごせる学級経営

　特別支援学級は、最大８人までの少人数で構成される。少人数といっても、様々な学年の子供が在籍しており、たとえ同じ障害種であっても、その程度や特性は十人十色、千差万別である。このような子供たちで構成される集団を、一つの学級として経営していくことは担任教師にとって容易なことではない。しかしながら、この学級に在籍する子供にとっては、この学級が学校生活の拠り所であり、学ぶ過程における間違いや失敗が許されるところ、それを自分のペースで克服しようとするところである。子供自身が「丸ごとの自分を受け入れてくれる先生がいる」という安心感を感じているか、自分の指導と合わせて振り返る担任教師の

姿勢が、学級経営を左右するポイントになると考える。

（2）保護者、家族との連携

① 障害受容に基づく合意形成

　特別支援学級には、個別の指導・支援が必要な障害を有している児童生徒が在籍している。つまり、その保護者は子供の障害を受容した上で、特別支援学級での教育を受け入れていることになる。したがって、障害に対する客観的な理解の下に、子供の実態に応じた合理的配慮を考えることができれば、保護者との合意形成を得やすいと言える。

　困難なことだけでなく様々な可能性も含めた子供の全体の実態把握と、それに応じた指導内容を具体的に挙げながら実践していくことで、保護者の担任教師や学校に対する信頼はより深まっていく。そして、これらのことを「個別の教育支援計画」や「個別の指導計画」の中に、具体的に盛り込んでいくことが、子供の成長の貴重な記録となっていく。

② 「場」の違いを有利に生かす

　学校と家庭では、生活する空間的環境も人的環境も異なる。

　学校は、子供の一生のうちの教育を受ける期間において、学力をつけることを中心に据え、合わせて集団適応力をつけていくという役割を担っている。一方、家庭の役割は、子供の一生を見据えて、その子供に最適な就労や社会的な自立を目指して子供を育てていくということである。その時々に必要な指導や支援について、子供への同じ思いや願いを持ちながら、これらの役割の違いを生かして分担し子供に関わっていくことができれば、お互いに心強い存在になると考える。

（3）専門機関との連携

　特別支援学級の子供の中には、就学前から医療機関を受診したり療育機関で療育を受けたりしている子供も多い。その機関でどのような支援を受けてきたのか、現在も支援が継続しているのかどうかについては、

子供によっても様々である。これらの機関との連携からは、学校ではつかみにくい子供のいろいろな実態を把握できることも多いため、保護者の同意の下に連携をとることも大切である。さらに、近年は放課後等デイサービスなどの新たな支援の場を利用する子供も増えている。一人の子供がそれぞれの場で同じような課題や不適応行動を抱えることも考えられるため、その指導や支援について情報を交換しながら、子供の成長を互いに見守ることが大切である。

これらの機関との連携に当たっては、医療・福祉・教育といった制度やサービスの下にあることを理解した上で、互いに尊重し合いそれぞれの良さを生かしながら、子供へのよりよい支援につなげたい。

③ 交流教育

（1）交流学級担任との連携と特別支援学級担任の責任

特別支援学級の子供が、その能力や特性に応じて、特別支援学級だけでなく交流教育を受ける通常学級（以下、交流学級という）において、授業を受けたり学習したりする機会はだんだん増えている。特別支援学級と交流学級の間を行き来する子供が効果的な指導を受けるためには、特別支援学級担任と交流学級担任の連携が欠かせない。

ここで明確にしておきたいことは、交流学級での教育内容に責任を負うのは特別支援学級担任である、ということである。子供は特別支援学級に在籍しており、その特別支援学級担任によって作成された特別な教育課程に基づいて学んでいる。したがって、どの教科や単元・授業を交流学級で学ぶのか、そのときの配慮事項はどのようなことか、評価はどのような規準でどのような方法で行うのか、といったことなどについては、合理的配慮の下に特別支援学級担任が考えなければならない。この教育計画を交流学級で具現化するためには、交流学級担任との話し合い

が必要である。このような交流学級担任との具体的な情報の交換や実践が充実していくことは、その子供への合理的配慮が特別支援学級を越えて学校全体に広がっていくことにつながる。

交流学級担任がその学級の大切な子供の一人として指導を行うとともに、その子供が交流学級の中でどのように学び、どのように成長しているのかについて、特別支援学級担任が責任を持って見守る必要がある。

（2）交流教育の充実

① 子供の集団における適応力の把握

交流教育を進めるに当たっては、特別支援学級担任は子供の「集団における適応力」について、把握しておかなければならない。集団の中で学ぶことや身に付けることはたくさんある。一方で、その子供の特性から、集団の中に入ったときどのような影響を受けやすいか、不適応行動として表れることはないか、といったことを考えておく必要がある。

② 交流学級という集団の実態把握

子供が学ぶ交流学級の実態を把握することも重要である。一つの学級はそれを構成する多数の子供と担任教師によって成り立っている。この集団としての実態（雰囲気やどのようなタイプの子供が多いか等）や、その交流学級担任の基本的な指導方針などを知っておくことも大切なポイントとなる。子供自身の努力では力の及ばない、交流学級集団の実態について特別支援学級担任が把握し、交流教育の時間や内容等について配慮することは当然のことである。

③ 自信を育むための交流教育

特別支援学級の子供は、個別の支援を必要とする障害を持っているため、配慮のない集団の中では、失敗体験を重ねやすく自信を失うことにつながりやすい。逆に、交流学級という集団の場で落ち着いて学習したり活躍したりできれば、大きな満足感や達成感につながる。子供が集団の一員として自信を持って活動できるような配慮・支援を目指したい。

53

（3）中学校における学習保障

●各教科担任による教科指導

　中学校の教科指導については、交流学級だけでなく特別支援学級において各教科担任による授業が行われることもあるが、この場合も子供の能力の実態に応じた学習内容の検討が必要である。これらについても、前述したように、特別支援学級担任が特別の教育課程を組み立て、教科担任と話し合いながら指導を進めていく。

　一方、各教科における指導の専門性については、各教科担任がその指導力を発揮する場でもある。特別支援学級担任から提示された子供の実態に応じて、各教科担任が指導の内容と方法を考えて臨む授業は、子供にとって最良の学習の時間となるであろう。その成果と課題を特別支援学級担任と教科担任で共有することが大切である。

4　すべての子供の教育的ニーズに応えるために

　特別支援学級から学校全体へ発信されるこのような教育の在り方は、特別支援学級担任だけでなく、すべての教員が合理的配慮の視点を養い、それに基づく教育実践力の向上につながると考える。これらによって、すべての子供の教育的ニーズに応じた教育が充実することを期待したい。

【参考文献】
「特別支援学校学習指導要領解説　自立活動編（幼稚部・小学部・中学部・高等部）」
　文部科学省、2009年

第 **6** 章

特別支援学校における指導・
「交流及び共同学習」と合理的配慮

帝京平成大学 教授
藤本裕人

1 特別支援学校における合理的配慮の提供

　学校教育では、平成28（2016）年4月から施行されている障害者差別解消法を踏まえて、障害のある児童生徒から社会的障壁の除去を求める意思の表明があった場合には、学校設置者の過度な負担にならない範囲で、個人に必要な合理的配慮を確保しなければならない。障害のある児童生徒本人からの意思の表明が困難な場合には、学校から建設的に本人・保護者に配慮に関する提案・相談を行い、合意形成の過程を経て合理的配慮を提供することになる。

　ここでは、多様な教育の場の一つである特別支援学校ではどのように合理的配慮の取組を進めればよいか、また「交流及び共同学習」を行う際の合理的配慮をどのように提供していけばよいかについて解説する。

2 特別支援学校における合理的配慮の考え方

（1）特別支援学校が対象とする者の障害の程度

　インクルーシブ教育システムの多様な教育の場として、通常の学級、通級による指導、特別支援学級、特別支援学校がある。特別支援学校は、特別な教育的ニーズへの対応を最も必要とする児童生徒が学ぶ学校である。そのため特別支援学校での合理的配慮は、児童生徒の障害の特性を把握し、その特性に対応するところから合理的配慮の提供の取組が始まる。学校教育法施行令第22条の3では、学校教育法第75条の政令で定める視覚障害者、聴覚障害者、知的障害者、肢体不自由者又は病弱者の障害の程度を規定している。障害のある児童生徒の学習場面での障壁の除去を検討する際には、学校設置者及び特別支援学校の教職員は、まず、この法の意味を、熟知しておかなければならない。学校教育法施行令第

第6章　特別支援学校における指導・「交流及び共同学習」と合理的配慮

22条の3の規定は、次のとおりである。

---

① **視覚障害者**

　両眼の視力がおおむね0.3未満のもの又は視力以外の視機能障害が高度のもののうち、拡大鏡等の使用によっても通常の文字、図形等の視覚による認識が不可能又は著しく困難な程度のもの

② **聴覚障害者**

　両耳の聴力レベルがおおむね60デシベル以上のもののうち、補聴器等の使用によっても通常の話声を解することが不可能又は著しく困難な程度のもの

③ **知的障害者**

　知的発達の遅滞があり、他人との意思疎通が困難で日常生活を営むのに頻繁に援助を必要とする程度のもの

　知的発達の遅滞の程度が前号に掲げる程度に達しないもののうち、社会生活への適応が著しく困難なもの

④ **肢体不自由者**

　肢体不自由の状態が補装具の使用によっても歩行、筆記等日常生活における基本的な動作が不可能又は困難な程度のもの

　肢体不自由の状態が前号に掲げる程度に達しないもののうち、常時の医学的観察指導を必要とする程度のもの

⑤ **病弱者**

　慢性の呼吸器疾患、腎臓疾患及び神経疾患、悪性新生物その他の疾患の状態が継続して医療又は生活規制を必要とする程度のもの

　身体虚弱の状態が継続して生活規制を必要とする程度のもの

（2）学習の目標の達成につながる合理的配慮

　特別支援学校では、様々な障害の児童生徒が安全に学校生活を送りながら学習できるように、それぞれの障害種別の特性に対応した施設・設備、人的配置、教育課程の編成、教科書の使用等が行われている。したがって、障害のある児童生徒が学習活動を行う上で、特別支援学校は小中学校等よりも、より充実した基礎的環境整備がなされている現状がある。

合理的配慮は、この基礎的環境整備の状況を踏まえて、障害のある児童生徒一人一人の発達段階等に応じて、充実した学習ができるようにする。つまり、合理的配慮は、授業の内容が分かり目標達成につながるために機能しなくてはならないのである（図1）。

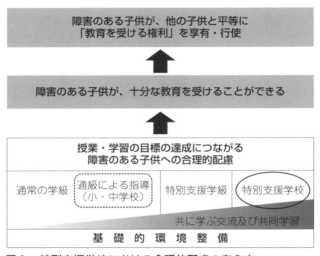

図1　特別支援学校における合理的配慮の考え方

　合理的配慮を行った結果、十分に学習に参加でき、目標が達成され、学力が向上したのかどうかという評価はとても重要なことである。個人に必要な合理的配慮を行ったが、効果がなかったということであれば、障害のある児童生徒が十分な教育が受けられていないわけであり、すみやかに見直しと検討が必要となる。

3　特別支援学校と小中学校の「交流及び共同学習」における合理的配慮

（1）「交流及び共同学習」における教育課程等の調整

　視覚障害・聴覚障害・肢体不自由・病弱者の児童生徒を対象とした特

別支援学校の学習は、小中学校に準じた教育課程で行われる。知的障害を対象とした特別支援学校においては、準じた教育として、知的障害者である児童生徒に対する教育を行う特別支援学校の教育課程で学習が行われる。複数の障害のある児童生徒（重複障害）で知的障害を併せ有する場合は、知的障害特別支援学校の教育課程となる。

　評価については、原則として、小中学校と視覚障害・聴覚障害・肢体不自由・病弱の特別支援学校で学ぶ児童生徒の場合は、目標に準じた評価が行われ、知的障害特別支援学校で学ぶ児童生徒の場合は個人内到達度で評価が行われることになる（**表1**）。

表1　小中学校と特別支援学校の評価について

	小中学校 （通常の学級）	特別支援学校				
		視覚障害	聴覚障害	肢体不自由	病弱	知的障害
目標に準じた評価	○	○	○	○	○	
個人内到達度評価						○
備考	知的障害との重複障害の場合は、個人内到達度評価					

　したがって、特別支援学校と小中学校が「交流及び共同学習」を行う上で、障害特性への対応だけでなく、教育課程に関係する教科書・単元・目標の設定・評価方法等について、学校間での調整が必要になることを理解しておかなければならない。

　障害のある児童生徒と障害のない児童生徒が共に学ぶ「交流及び共同学習」を推進していく上で、教科の指導場面で「交流及び共同学習」を実施することが可能であるのか、あるいは特別活動で「交流及び共同学習」に取り組むことができるのかなど、計画段階で十分な検討が必要となる。特に知的障害特別支援学校と小中学校との「交流及び共同学習」は、学習活動は一緒にできるが、評価については児童生徒が在籍する各

学校の評価を用いるというような場合もあり、事前の確認と調整が不可欠となる。そして今後は、特別支援学校の児童生徒と小中学校の児童生徒が「交流及び共同学習」を実施するときは、計画・実施・評価に加え、合理的配慮についても検討し、個別の指導計画を活用して取り組むことが重要となる。

（2）障害特性に配慮した「交流及び共同学習」の合理的配慮

　特別支援学校と小中学校とが合理的配慮の提供を踏まえて「交流及び共同学習」行った事例について、国立特別支援教育総合研究所の「インクルーシブ教育システム構築支援データベース（インクルDB）」から実践事例を紹介する。学校教育法施行令第22条の3に該当する児童生徒の特性に対応するために、どのような基礎的環境整備が整えられ、その上でどのような合理的配慮が行われたかについて参考にすることができる。障害種別ごとの実践事例は、次のとおりである。

①　視覚障害

　A児は、特別支援学校（視覚障害）の小学部1年生である。居住地にある小学校の通常の学級で交流及び共同学習を行っている。A児の見え方は光を感じる程度であり、日常生活動作において支援を要する。小学校での交流及び共同学習では、集団での活動を体験することを目的として、大人数の前で発表やロールプレイングで自分の意見を述べる等の活動を行った。特別支援学校では、A児1名のみの学級であるため同学年の児童と一緒に活動した経験は、コミュニケーション能力を高める上で有効であった。

　また、交流学級の児童を対象に視覚障害の疑似体験を行ったことにより、移動の際、小学校の交流学級の児童がA児を手引きするなど、日常の様々な場面で関わり合いが見られるようになった。

②　聴覚障害

　B児は、特別支援学校（聴覚障害）に在籍する小学部3年生であり、

聴覚障害のある児童である。両耳に人工内耳を装用しており、学校生活全般において、聴覚を活用しながら、口話や手話、指文字等でコミュニケーションを行っている。Ｂ児は小学校で算数の授業を中心に交流及び共同学習を実施しており、教科学習を通して、社会性や協調性を育むとともに、学ぶ楽しさを味わわせたいと考えた。小学校の学級担任との打合せを重ね、Ｂ児が活動の見通しを持てるように展開を構造化することや、Ｂ児の座席位置・教員の話し方、プロジェクターの活用、ノートの書き方の統一等の配慮すべき内容を検討しながら授業を続けていった。当初、Ｂ児は発表するときにためらうことが多かったが、積極的に発表したり、友達とのやりとりを楽しんだりすることができるようになった。

　小学校の児童は、聞こえにくいという障害に対して、情報保障や聞こえに応じた音声の発信などの具体的な配慮点だけでなく、双方の伝え合いたい気持ちが大事であることを学ぶことができた。Ｂ児及び小学校の児童にとって、交流及び共同学習は障害理解や支援の必要性、共に生きていくために配慮すべきことについて考えるきっかけとなった。

③　知的障害

　Ｃ生徒は、特別支援学校（知的障害）に在籍する中学部２年生で、知的障害のある生徒である。日常的な会話ができ、スポーツが得意である。Ｃ生徒は中学校で体育、理科の授業を中心に交流及び共同学習を実施した。Ｃ生徒は、地域の小学校から特別支援学校に転入学する際「地域で友達がほしい。兄と同じ中学校で勉強してみたい」という思いがあった。また、保護者も「Ｃの思いを大切にしたい。将来、Ｃにとって暮らしやすい地域であってほしい」と願い、中学校での交流及び共同学習を希望した。中学校の体育の授業は、ユニバーサルデザイン化されており、Ｃ生徒にとって分かりやすい授業であった。また、中学校の体育担当者からＣ生徒への個別の配慮がなされたことで、毎回安心して体育に参加することができた。

④　肢体不自由

　D児は、特別支援学校（肢体不自由）小学部６年に在籍している。算数や国語といった教科学習や作業学習を教員と個別に行っている。居住地校交流は小学１年のときから実施しており、６年目である。基礎的環境整備として、特別支援学校では、支援相談部による校内外への支援体制、外部の専門家の配置、医療的ケア対象児に対しての看護師配置、交流及び共同学習推進の校内組織への位置付け（生活指導部）がある。小学校にはエレベーターが設置されている。合理的配慮として、D児には積極的に発表する場の環境設定、小学校児童には事前学習の実施、図画工作では見本の提示とD児の使い慣れた教具の準備、体験の確保として休憩時間での活動の設定、児童間でのコミュニケーションをより増やすための支援の在り方の共通理解、教室入り口の簡易スロープの設置、車いすのまま作業できる机の用意を行った。

⑤　病　弱

　特別支援学校（病弱）小学部２年生のE児は、無脾症候群で酸素投与が必要であり、主治医から活動内容についての指示を受けながら学校生活を送っている。血液中の酸素飽和度が低いため、ぼんやりして動こうとしないことがある。また、慣れない場面では不安と緊張が強く、動けなくなることもある。E児が、小学校の通常の学級で居住地校交流を行うときには、心理面・健康面の課題に配慮し、緊急時に備え、携帯用液体酸素を用意するなど、支援体制を整えた。また、E児の体調を考慮して、教室の座席位置、及び教材の工夫、活動時間の調整、パルスオキシメータによる体調管理、などを行った。こうした配慮により、E児は、初めての場での学習活動に生き生きと参加することができた。また、他の児童と同じように活動できた体験が自信になり、授業の後、お礼とお別れの挨拶をすることができた。

⑥　重複障害（肢体不自由・知的障害・聴覚障害）

　F児は、B特別支援学校（肢体不自由）に在籍する小学１年生であり、

第6章　特別支援学校における指導・「交流及び共同学習」と合理的配慮

肢体不自由と知的障害・聴覚障害を併せ有する児童である。本事例は、F児をC小学校の「副次的な籍」に試行的に位置付けて居住地校交流を実施した。F児は、季節により痰の吸引等の医療的ケアが必要となる。発語はなく、難聴の診断を受けているが、表情や視線等で、自分の気持ちを表現することができる。F児の保護者からの「地域の児童にFの存在を知ってもらいたい」という願いを受け、特別支援学校担任、合理的配慮協力員、管理職による校内会議を行った。また、特別支援学校は小学校と、F児の健康状態や学習目標に適した交流の実施時期や内容を検討するとともに、「副次的な籍」の取組について、教育委員会と連携し、F児の保護者及びC小学校の全職員に説明等を行った。「副次的な籍」については、「F児用の下足箱やロッカー、体操服掛けを小学校に準備する」「小学校の学級通信等を使ってF児の紹介をする」「小学校の参観日や学校行事等にF児の保護者が参加できるようにする」等を行った。

　＊①～⑥の出典は「国立特別支援教育総合研究所『合理的配慮』実践事例データベース」より引用した（一部改）。

4　「交流及び共同学習」推進の意義と課題

（1）障害のある者と障害のない者が共に学ぶ「交流及び共同学習」の意義

　インクルーシブ教育システム構築において、障害のある児童生徒と障害のない児童生徒とが共に学ぶことが、今後の共生社会の形成の基礎をつくることにつながることになる。共に学ぶ活動をどのように行うのかを検討するときには、約半世紀にわたって積み上げられてきた「交流教育」・「交流及び共同学習」を推進することに着眼したい。「交流及び共同学習」は、現に共に学ぶ学習活動となっており、ここに合理的配慮の確保の視点が加わることで、充実した教育の下で障害のある児童生徒と

障害のない児童生徒が共に学ぶ学習へと進展するわけである。

（2）小中学校に合理的配慮のノウハウを伝える意義

　平成25（2013）年9月に、学校教育法施行令の改正が行われた。これは、平成24（2012）年7月に公表された中央教育審議会初等中等教育分科会報告「共生社会の形成に向けたインクルーシブ教育システム構築のための特別支援教育の推進」（以下「報告」という）を踏まえて、学校教育法施行令第22条の3の就学基準に該当する障害のある子供は特別支援学校に原則就学するという従来の就学先決定の仕組みを改め、障害の状態、本人の教育的ニーズ、本人・保護者の意見、教育学、医学、心理学等専門的見地からの意見、学校や地域の状況等を踏まえた総合的な観点から就学先を決定する仕組みとなった。そのため、小中学校に、特別支援学校が対象とする障害の程度の児童生徒が就学するようになってきている。

　小中学校で、学校教育法第22条の3に該当する児童生徒が就学するということは、現在の特別支援学校の合理的配慮のノウハウを小中学校に伝える必要がある。特別支援学校と小中学校の「交流及び共同学習」の場は、合理的配慮を提供する実践でもあり、その教育実践を通して、合理的配慮のノウハウが小中学校に広がる機会となり得るわけである。

（3）「交流及び共同学習」の評価の課題

　特別支援学校と小中学校の「交流及び共同学習」について述べてきたが、評価をどのように行うかという点で課題がある。児童生徒が感想文を書くこと、理解啓発の授業を行うことなどの取組が行われることが多いが、学習活動として「交流及び共同学習」をどのように評価するかについては、今後の実践研究が待たれるところである。

第6章　特別支援学校における指導・「交流及び共同学習」と合理的配慮

【参考文献】
学校教育法施行令第 22 条の 3、平成 28 年 11 月 24 日政令第 353 号
学校教育法第 75 条
中央教育審議会初等中等教育分科会報告「共生社会の形成に向けたインクルーシブ教育シ
　　ステム構築のための特別支援教育の推進」(2012)
独立行政法人国立特別支援教育総合研究所「交流及び共同学習の推進に関する実際的研究」
　　(2008)
独立行政法人国立特別支援教育総合研究所「インクルーシブ教育システム構築支援データ
　　ベース（インクル DB)」、http://inclusive.nise.go.jp/、アクセス日 2017/06/30
文部科学省「小学校学習指導要領」(2008、2017)
文部科学省「中学校学習指導要領」(2008、2017)
文部科学省「特別支援学校小学部・中学部学習指導要領」(2008、2017)
文部科学省　「学校教育法施行令の一部改正について（通知)」25 文科初第 655 号
　　平成 25 年 9 月 1 日
文部科学省（2013)「教育支援資料」文部科学省初等中等教育局特別支援教育課

第 **7** 章

教育委員会における支援と 合理的配慮

帝京平成大学 教授
藤本裕人

1 教育委員会と合理的配慮の関係

　多くの市区町村教育委員会は、小中学校の設置者である。そして都道府県教育委員会も高等学校や特別支援学校の設置者である。教育委員会と障害者差別解消法の合理的配慮との関係については、次の4点のことが重要になる。

(1) 「基礎的環境整備」の充実

　　各教育委員会は学校設置者として、「合理的配慮」の基礎となる環境である「基礎的環境整備」の充実に努めなければならないこと

(2) 「合理的配慮」を提供する当事者

　　教育委員会は学校設置者として、障害のある児童生徒本人・保護者と合理的配慮の合意形成を図るとき、合理的配慮の提供を決定する当事者としての責務があること

(3) 就学時からの「合理的配慮」

　　小中学校に、障害のある児童生徒が総合的な判断で就学する際に、就学後の個人に必要な「合理的配慮」を検討するための情報を継承する役目があること

(4) 共生社会の形成に向けた施策の推進

　　共生社会の形成を目標に、教育委員会が管轄する地域で、インクルーシブ教育システム構築や障害理解に関係する教育分野からの施策を推進しなければならないこと

ここでは、以上の点について解説する。

第7章　教育委員会における支援と合理的配慮

2　教育委員会の具体的な役割

（1）「基礎的環境整備」の充実

　基礎的環境整備は、法令や財政措置に基づいて、国は全国規模で、都道府県は各都道府県内で、市区町村は各市区町村内で、教育環境の整備をそれぞれ行うことになっており、これらが「合理的配慮」の基礎となっている。これらの環境整備は、学校が建築された時期や設置者の財政事情などにより、学校ごとに整備の状況は異なる現状がある。これらを基に、設置者及び学校が、各学校において、障害のある子供に対し、その状況に応じて、「合理的配慮」を提供することになる。

　「合理的配慮」は、通常の学級、通級による指導、特別支援学級、特別支援学校それぞれの学びの場における「基礎的環境整備」を基に個別に決定されるものであり、それぞれの学校における「基礎的環境整備」の状況により、提供される「合理的配慮」は異なることとなるわけである。

　現在、基礎的環境整備には、①ネットワーク形成・連続性ある多様な学びの場の活用、②専門性ある指導体制の確保、③個別の教育支援計画や個別の指導計画の作成等による指導、④教材の確保、⑤施設・設備の整備、⑥専門性ある教員、支援員等の人的配置、⑦個に応じた指導や学びの場の設定等による指導、⑧交流及び共同学習などの項目があるが、これらの項目を踏まえて、より共生社会の充実に向けて改善していくことが重要である。

　今までに対応した経験のない障害のある児童生徒が、小中学校に就学してきたときには、経費面を勘案しながら、計画的に将来を見据えた基礎的環境整備の向上に取り組むことになる。

　例えば、肢体不自由のある児童生徒が小中学校で学習するようになっ

69

たときには、施設・設備では、校内の段差の解消としてのスロープ（**写真1**）、垂直移動に対応した階段昇降機（**写真2**）、多機能トイレ（**写真3**）など、具体的に施設・設備の改善が不可欠となる。これらの施設・設備を設ける際、最初の一人目は「合理的配慮」として検討が行われることになるが、将来的に次の対象児童生徒が就学してきた場合には、充実した「基礎的環境整備」につながっていくわけである。「基礎的環境整備」の充実は、学校施設のバリアフリー化につながることなのである。

写真1　校内の移動が負担なくできるようにしたスロープ

写真2　階段昇降機

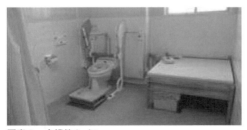

写真3　多機能トイレ

＊写真1～3は、国立教育政策研究所「インクル学校施設DB」より引用（アクセス日 2017/7/7）
http://www.nier.go.jp/04_kenkyu_annai/shisetsuDB/files/pdf/detail24.pdf

（2）「合理的配慮」を提供する当事者

「合理的配慮」は、一人一人の障害の状態や教育的ニーズ等に応じて決定されるものであり、その検討の前提として、各学校の設置者である

第7章　教育委員会における支援と合理的配慮

　教育委員会及び学校は、興味・関心、学習上又は生活上の困難、健康状態等の当該幼児児童生徒の状態把握を行う必要がある。これを踏まえて、設置者及び学校と本人及び保護者により、個別の教育支援計画を作成する中で、発達の段階を考慮しつつ、「合理的配慮」の観点を踏まえ、可能な限り合意形成を図った上で「合理的配慮」を決定し、提供されることが望ましく、その内容を個別の教育支援計画に明記し、個別の指導計画にも活用することが重要である。

　「合理的配慮」の決定に当たっては、各学校の設置者及び学校が体制面、財政面を勘案し、「均衡を失した」又は「過度の」負担については、個別に判断することとなる。その際、現在必要とされている「合理的配慮」は何か、何を優先して提供する必要があるかなどについて共通理解を図る必要がある。

　設置者及び学校と本人及び保護者の意見が一致しない場合には、「教育支援委員会」（仮称）の助言等により、その解決を図ることが望ましいが、教育委員会と学校は、「合理的配慮」を提供する当事者であるため、教育委員会及び学校以外の、第三者による助言等を受けることができる体制を設ける必要がある。

（3）就学時からの「合理的配慮」の検討

　就学基準に該当する障害のある子供は特別支援学校に原則就学するという従来の就学先決定の仕組みは、平成25（2013）年9月より、障害の状態、本人の教育的ニーズ、本人・保護者の意見、教育学、医学、心理学等専門的見地からの意見、学校や地域の状況等を踏まえた総合的な観点から就学先を決定する仕組みとなった。その際、市区町村教育委員会が、本人・保護者に対し十分に情報を提供しつつ、本人・保護者の意見を最大限尊重し、本人・保護者と市区町村教育委員会・学校等が教育的ニーズと必要な支援について合意形成を行うことを原則とし、最終的には市区町村教育委員会が就学先を決定することになる。

また就学時に決定した「学びの場」は固定したものではなく、それぞれの児童生徒の発達の程度、適応の状況等を勘案しながら柔軟に転学ができることを、すべての関係者の共通理解とすることが重要である。その際、個人に必要な「合理的配慮」の提供の検討に必要となる記録や指導内容等に関する情報を、その扱いに留意しつつ、必要に応じて関係機関が継承し活用する必要がある（図1）。

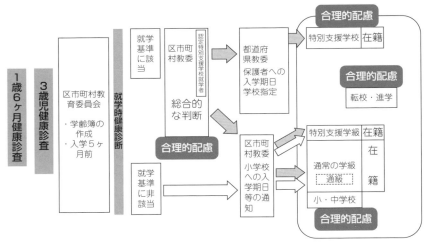

図1　就学時からの「合理的配慮」の検討

（4）共生社会の形成に向けた施策推進

　共生社会の形成のためには、障害のある者が、どれだけ社会に参加・貢献できるかということが問われることになる。インクルーシブ教育システムの推進に当たっては、普段から地域に障害のある人がいるということが認知され、障害のある人と地域住民や保護者との相互理解が得られていることも重要であり、また、学校のみならず地域の様々な場面において、どのように生活上の支援を行っていくかという観点も必要となる。

第7章　教育委員会における支援と合理的配慮

　地域と連携した学校づくりを進めるに際しても、各学校は、障害のある子供への「合理的配慮」の確保を念頭に置き、地域の理解と協力を得ながら連携して取り組んでいく必要がある。また、特別支援学校に在籍する子供や、特別支援学級に在籍する児童生徒には、一部の自治体で実施されている居住地校に副次的な籍を置く取組についての施策を考えていく必要がある。このことは共生社会の形成にとって、障害のある児童生徒が、学齢期から居住地域との結び付きを強めるために意義がある。

　また、学習指導要領の総則で示されている交流及び共同学習の推進も、必ず取り組まなければならないことである。交流及び共同学習は、障害のある児童生徒と障害のない児童生徒が共に学ぶ教育活動として、共生社会の形成につながる役割があることに着目する必要がある。交流及び共同学習のときに提供される個人に必要な「合理的配慮」は、障害のある児童生徒が、社会生活を送る上での「合理的配慮」の経験則となっていくからである。教育委員会は、各学校同士が連携して、効果的に交流及び共同学習が実施できるように、行政的な支援策を展開していかなければならない。

【参考文献】
「共生社会の形成に向けたインクルーシブ教育システム構築のための特別支援教育の推進
　（報告）」（平成 24 年 7 月中央教育審議会初等中等教育分科会報告）
国立教育政策研究所「インクル学校施設 DB」：アクセス日 2017/7/7
　http://www.nier.go.jp/04_kenkyu_annai/shisetsuDB/files/pdf/detail24.pdf

73

第 **8** 章

教師の力量向上につながる
校内研修と合理的配慮

国立特別支援教育総合研究所 総括研究員
齊藤由美子

インクルーシブ教育システムを推進していく上で、その推進の担い手
である教師の力量を高めていくことは大変重要な課題である。中央教育
審議会初等中等教育分科会（2012）は、「共生社会の形成に向けたイン
クルーシブ教育システム構築のための特別支援教育の推進（報告）」の
中で、「すべての教員は、特別支援教育に関する一定の知識・技能を有
していることが求められる」と述べている。特に、発達障害のある子供
の教育は通常の学級の担任に負うところが大きい。通級による指導や特
別支援学級対象の子供も増加の一途を辿っており、学校の教職員すべて
が連携・協働して、様々な教育的ニーズのある子供が学んでいることを
前提とした学校づくりが求められている。

　本論ではまず、教師の資質能力とは何か、校内研修で何を目指すのか、
について基本的な考え方を提案する。その上で、教師の力量・学校とし
ての力量を高める、実践的な校内研修の取組について述べる。

---

① 教師の資質能力をどのように捉えるか

（1）教師の資質能力の三つの側面

　教師の資質や力量の捉え方として、岡東（2006）は、1）目に見える
実践的技量（テクニカル・スキル）、2）内面的な思考様式（コンセプチュ
アル・スキル）、3）総合的な人間力（ヒューマン・スキル）の三つの
側面を紹介している。テクニカル・スキルは、教職や教科の専門的知識
と指導技術などを指す。コンセプチュアル・スキルとは、広い視野や先
見性といったものの見方、さらに創造力、分析力、論理性、構成力、応
用力といった認識的側面、また、省察や熟考する力である。さらに、
ヒューマン・スキルは人間理解や感性に支えられた対人関係能力や共同
性、責任感、使命感である。教師のテクニカル・スキルは、コンセプチュ
アル・スキルやヒューマン・スキルを含む資質に支えられて、磨かれ、

高まっていく。

この考え方を参考に、国立特別支援教育総合研究所（2010）は「教員の専門性モデル」として、教員の力量を上記三つの側面を軸とした立方体として表すモデルを提案した（図1）。

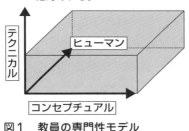
例1）障害のある子供の指導経験は浅いが、様々な状況に応じて指導や支援を工夫し、保護者ともよいパートナーシップを結んでいる。

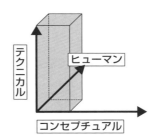
例2）障害に関する専門用語や技法をよく知っているが……

図1　教員の専門性モデル
（国立特別支援教育総合研究所、2010）

このモデルによると、教師の専門性の向上は、図のような「器（直方体）」に水を貯えていくようなイメージで捉えることができる。「内面的な思考様式（コンセプチュアル・スキル）」「総合的な人間力（ヒューマン・スキル）」が基底面となり、その面積が大きいほど貯えられる水の量が多い。その教師の専門性の総量は、「実践的技量（テクニカル・スキル）」座標の「高さ」ではなく、器に貯えられた水の「量」によって知ることができる。

（2）教師の資質能力を高める研修とは

「研修」という言葉からは、知識や技術などのテクニカルな部分がイメージされがちである。しかし、実際には、教師自身が慣習的、固定的なものの見方にとらわれず、授業や子供との関わりについて振り返り省

察しながら指導や支援を工夫すること、子供への理解を深め保護者とパートナーシップを築くこと、仕事への情熱や責任感を持ち同僚と協働すること、などの資質によって、学んだ知識や技術が生きて働くものとなると考えられる。

　このモデルに基づけば、「特別支援教育に関する知識や技術」の修得は、教師がそれまでに有する資質能力に新たな知識や技術（テクニカル・スキル）が加わり、器の容量が増すことである。新しいスキルを実践的に発揮するためには、教師として本来有するべきコンセプチュアル・スキルやヒューマン・スキルを働かせる前提があることは言うまでもない。

　校内研修（特別支援教育の内容に限らず）では、知識や技術を学ぶことに加え、同僚性をベースに、コンセプチュアル・スキル、ヒューマン・スキルを鍛える工夫が多く見られる。例えば、座学的に学んだ内容について演習（疑似体験などを含む）を組み合わせ協議すること、教師がお互いの授業を見て振り返りや省察をすること、事例研究によって様々な情報を総合して子供の理解を深めよりよい支援を検討すること、などは資質能力の三つの側面に関わる研修方法と言える。

2　すべての子供の学びを保障する学校づくりの視点

　小・中学校では、様々な教育的ニーズのある子供が学んでいることを前提とした学校づくりが求められており、校内研修はまさにその学校づくりを推進する重要な機会であると考える。校内研修によって何を目指すのか、を明確にするために、すべての子供の学びを保障する学校づくりの視点を二つ提示したい。

（1）校内の基礎的環境整備と合理的配慮の関係

　まず、学校内の基礎的環境整備と個々の子供の合理的配慮の関係について整理する。周知のとおり、合理的配慮は「個別・具体の支援」であ

り、基礎的環境整備は合理的配慮の基礎となる環境整備である。先に述べた中教審の報告書（2012）では、この二つの概念の関係を以下のように記述している。

> 通常の学級、通級による指導、特別支援学級、特別支援学校それぞれの学びの場における「合理的配慮」は、……個別に決定されることとなるが、「基礎的環境整備」を基に提供されるため、それぞれの学びの場における「基礎的環境整備」の状況により、提供される「合理的配慮」は異なることとなる。（p.27）

学びの場の違いにおける基礎的環境整備と合理的配慮の関係を図２に示す。下の四角形が基礎的環境整備、上の楕円が合理的配慮である。

例）　知的障害のあるAさんが特別支援学級・通常の学級で学ぶ場合

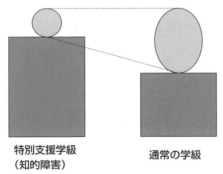

図２　学びの場により異なる基礎的環境整備と合理的配慮

ここでは、知的障害のあるAさんのコミュニケーション支援を例として挙げる。Aさんは、特別支援学級では慣れた環境や時間の設定において自分で理解できることが多く、教師が身振りサインを交えながら学級全体に話をするので、個別に必要な合理的配慮は少ないが、交流及び共同学習を行う通常の学級においては、支援員から身振りや絵を使った個別のコミュニケーション支援（合理的配慮）が必要となる。

それでは基礎的環境整備が充実している学校とそうでない学校とでは、合理的配慮はどのように異なってくるだろうか。**図3**は発達障害のあるBさんが異なる小学校で学ぶ場合のシミュレーションである。

例）　発達障害のあるBさんがC・D・Eの各小学校で学ぶ場合

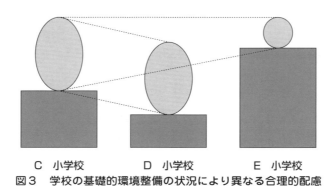
　　　C　小学校　　　　D　小学校　　　　E　小学校
図3　学校の基礎的環境整備の状況により異なる合理的配慮

　C小学校に比べ、D小学校では通常の学級の教師の発達障害への理解があまり進んでおらず支援体制もうまく機能していない。Bさんに対して、C小学校とD小学校は同じ程度の合理的配慮を提供するが、基礎的環境がより整っているC小学校で学ぶ方がBさんの学習の成果が上がる。E小学校では、Bさんと同様の合理的配慮を必要とする子供が相当数いることを考慮し、授業や学習環境にあらかじめ彼らに必要な支援を組み込んだ学習のユニバーサルデザインを学校全体で推進している。この取組が学校の基礎的環境となり、Bさんは、少しの個別の合理的配慮だけで、期待された成果を上げている。

　このように、個々の子供に必要な合理的配慮は、基礎的環境整備の状況と密接に関わり合っている。合理的配慮に関する校内研修では、個々の子供の合理的配慮について理解を深めるとともに、学校全体や学級の基礎的環境整備の充実を目指す視点が重要となるだろう。

（2）学校全体で取り組む多層的支援モデル

　学校づくりを考えるもう一つの視点は、その学校で学ぶすべての子供たちの指導・支援の在り方を、それぞれの子供に必要な支援の度合いによって多層的に捉える視点である（Sailor & Roger, 2005）。図4に、そのモデルを示す。

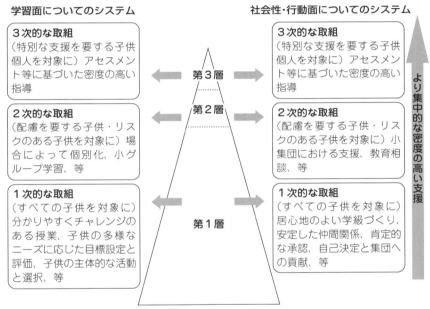

図4　学校全体で取り組む多層的支援モデル

　この多層的支援モデルは、子供の学習面と行動・社会性面の両面を視野に入れたモデルであり、第1層では、すべての子供を対象としたユニバーサルな指導・支援（1次的支援）により「すべての子供にとって分かりやすく、自分の力に応じてチャレンジできる授業」「すべての子供にとって居心地のよい学級経営」が期待される。それだけでは成果が上がりにくい子供やリスクがある子供（第2層）には、2次的支援として小集団で適時に焦点を絞った指導・支援を行い、さらに大きなニーズが

ある子供（第3層）には、3次的支援として詳細な実態把握に基づく個別的な手厚い指導・支援を行う。

学校全体の子供たちをこれらの層で考えたとき、第1層は通常の学級の指導・支援で学ぶ子供、第2層は通常の学級に在籍しながらも、行動の支援、教科補充、通級による指導等、何らかの追加の指導・支援を必要とする子供、第3層は特別支援学級の対象となる子供、と考えることができるだろう。

ユニバーサルな質の高い1次的支援が充実することで、より多くの子供たちの第1層での学びが保障され、また、2次的支援が本当に必要な子供とその支援すべき内容が明確になる。反対に、1次的な支援がうまくいっていない場合、2次的支援の対象となってしまう子供が増えることにもつながる。質の高い1次的支援が行われている通常の学級には、第3層の子供が交流及び共同学習として入る場合にも適切な支援が行われ、子供同士の充実した学びが期待できる。

（3）多層的支援モデルと基礎的環境整備・合理的配慮

この多層的支援モデルから示唆されることは、通常の学級における質の高い1次的支援が基盤であり、その基盤があって、特別な教育的ニーズのある子供への特別支援教育を適切に行うことができる、ということである。また、基礎的環境が整備された姿とは、第1層、第2層、第3層のそれぞれの子供の学びの場や学びの機会が充実するだけでなく、各層間の連携で個別と集団における学びが連動し合い、学校全体の仕組みがすべての子供の学びのために機能する状態にあることを指すだろう。合理的配慮は、第2層、第3層の子供の個々の学びを保障するために合意形成され、提供されるものである。特に学習面に関する合理的配慮については、第2層では、通常の教育課程に則り、同じ目標・内容を達成するための変更調整（アコモデーション）が主となり、第3層ではアコモデーションに加え、特別な教育課程として目標や内容についての変更

調整（モディフィケーション）も行われることになる。

　このような学校の在りようはインクルーシブ教育システムが目指す方向性とも一致するものと思われるが、その実現には、「チーム学校」という概念でも示されるとおり、学校のすべての教職員の意識の改革、連携と協働、管理職のリーダーシップが必須である。

3　教師・学校の力量を高める実践的な校内研修の工夫

　校内研修では、目指す学校の在り方のイメージをすべての教職員で共有することが重要であると思われる。そして、その共通のイメージに向かい、教職員が各々の立場での役割を果たすために実践的に学ぶ。校内研修の意義は、個々の教師の力量を高めるとともに、学校としての力量を高める貴重な機会として捉えられるだろう。

（1）すべての教職員が共有する研修内容

　すべての教職員が共有すべき研修内容として、まず、インクルーシブ教育システムや基礎的環境整備と合理的配慮についての基本的な知識が必要である。また、それを受けて、支援を必要としている子供に対応する学校としての仕組みやその重要性について校内の教職員全体で共通理解する機会が望まれる。さらに、1次的支援の充実が学校づくりの要であることから、通常の学級の教師が主体である「すべての子供にとって分かりやすく、自分の力に応じてチャレンジできる授業」「すべての子供にとって居心地のよい学級経営」に関わる内容は重要である。発達障害など学びにくさのある子供の理解と支援に関する内容については、まずはこの1次的支援に絡めて研修することが、通常の学級の教師のオーナーシップ（他の教師と連携しながら、通常の学級の中で配慮の必要な子供の学びに責任を持つこと）を確認することにつながるだろう。

　これらの内容には、教育委員会や大学等が主催する研修会や、国立特

別支援教育総合研究所のインターネットによる講義配信等（＊）によって学ぶことが可能な内容もある。大切なのは、校内の教職員が共有する知識が、次の段階の実践的な校内研修につながることである。

（2）実践的な校内研修の工夫

　教師が、学んだ知識を実践に活かし、教師個人の力量とともに学校の力量を高める校内研修の工夫としていくつかの例を挙げたい。なお、学校では研修時間の確保が難しいことも多く、得た知識を実践的に深める意味でも、日常的な業務に意識的に研修の要素を取り入れた OJT（On-the-Job-Training）の工夫が必要である。

　通常の学級における指導・支援の充実を図るために、ある小学校では学習のユニバーサルデザイン（UDL）（CAST，2017）について校内の教職員全員が座学で学んだ後、授業研究と連動させた。具体的には、すべての通常学級担任が UDL の三つの要素（情報や教えたい内容を伝えるための多様な方法、子供が表現・発信するための多様な方法、子供がモチベーションを持って学習活動に取り組むための多様な方法）を取り入れた研究授業を行った。配慮の必要な子供や交流及び共同学習として授業に参加する子供については、通級指導教室や特別支援学級担任と連携し、指導案には UDL で対応する部分と、合理的配慮として個別に支援する部分を明記するようにした。また、授業の振り返りを UDL の視点を中心に行うことで教師の理解がさらに深まり、様々な工夫を学校の財産として積み上げることにつながった。

　中学校では教科担任制となるため、特別な支援が必要な子供への対応の困難さが指摘されることもあるが、同じ視点を共有することで理解を深めることが期待できる。ある中学校では、校内研修として授業の上手なベテラン教師の英語の授業を校内の教師全員で見る機会を持った。その授業について UDL の視点を用いて分析を行い、そのベテラン教師が何気なく行っている支援や工夫について協議し「見える化」することを

行った。その後、「見える化」された事項を参考に、各教科の教師集団でUDLの視点を入れた授業の工夫が検討された。

特別支援学級や通級による指導の担当教員は、校内の特別支援教育の重要な担い手であり、専門性を校内で共有する役割も期待されるが、校内の教師の有する専門性だけでは対応が難しい場合もある。ある小学校では、特別支援学校のセンター的機能や外部専門家を活用して、子供の日常的な指導・支援についての助言を得たり、実態把握や個別の指導計画の作成について専門的な知見を得たりしている。このコンサルテーションの場面を、特別支援教育担当教師全員が共有することで、具体的なケースを通して専門的な知識・技術を修得する、実践的な研修の場となっている。

特別支援学級の子供の事例研究を行った校内研修の例もある。当該の子供の成長や学びについて、特別支援学級での指導・支援、及び通常の学級での交流及び共同学習を通して報告され、特別支援学級と通常の学級の教師の間で連携が必要な内容が再確認された。また、保護者の思いに触れ、地域の専門機関とその機能について知識を得ることで、教職員の特別支援教育への理解を深めることにつながった。

4　職層に応じた研修の課題

以上、教師個人及び学校としての力量を高めることを目指した実践的な校内研修の例を紹介した。先に述べたように、すべての子供の学びのために、学校がどうあるべきかというイメージをすべての教職員が共有し、その共通のイメージに向かって、各々の立場での役割をいかに果たすかという視点が、大変重要であろう。

校内支援体制の充実、特別支援教育の推進をはじめとして、すべての子供の学びを保障する学校をつくるに当たり、管理職や特別支援教育コーディネーターの果たす役割は大変大きい。管理職には、教職員のま

とめ役として、学校がよりよく機能するためのリーダーシップやマネジメントが求められている。教職員同士で考えや悩みを気軽に共有したり相談できたりするような職場づくりも重要な役割である。学校経営の中で、学力向上、児童・生徒指導等と特別支援教育を関連付ける視点も必要である。管理職の資質向上には、教育委員会等による管理職対象の研修や、校長会等による情報・知見の共有等の機会の充実が望まれる。

　特別支援教育コーディネーターには、障害のある子供への教育的支援の充実、校内委員会や校内研修の企画、保護者の相談や連携の窓口、地域における関係者や関係機関との連携等、多彩な役割が求められている。しかしながら、他のコーディネーターから仕事を学べる機会が少ないという悩みを持つ場合が多い。教育委員会等が主催する研修等では、コーディネーター同士が経験や情報・知見を共有する機会が望まれる。また、地域における教育、医療、福祉などの多様なサービスやネットワークの中で支援をつなぐことを意識した事例研究など、実践的な研修が必要であろう。さらに、子供に直接関わる支援員や介助員等についても、その役割を明確にし、チーム学校の一員である自覚や誇りを持てるような研修を実践的に行う必要がある。

　最後に、学校づくりがどのようなステージにあるのかによって、教職員が必要とする研修も異なる可能性がある。また、学校の同僚性を基盤とすることで、相互の学び合いや役割の意識がさらに深まり、校内研修として取り上げたい内容が明確になってくることも期待できよう。

【参考文献】
CAST（2017）．About Universal Design for Learning.
　　http://www.cast.org/our-work/about-udl.html#.WcxB700UnlU.
中央教育審議会初等中等教育分科会（2012）「共生社会の形成に向けたインクルーシブ教
　　育システム構築のための特別支援教育の推進（報告）」
国立特別支援教育総合研究所（2010）「肢体不自由のある子どもの教育における教員の専
　　門性向上に関する研究－特別支援学校（肢体不自由）の専門性向上に向けたモデルの
　　提案－」（平成 20-21 年度専門研究 B 研究成果報告書）

岡東壽隆（2006）「教員に必要な資質能力」曽余田浩史・岡東壽隆（編著）『新ティーチングプロフェッション』明治図書出版、pp.38-48

Sailor,W.& Roger,B.（2005）. Rethinking inclusion: Schoolwide applications. Phi Delta Kappan, 86, 503-509

【注】

＊国立特別支援教育総合研究所では、インターネットによる講義配信、インクルーシブ教育システム構築支援データベース、発達障害教育推進センター等による情報発信を行っている。
http://www.nise.go.jp/cms/

第 **9** 章

実 践 編

● 事例 1 ●

国語の指導と合理的配慮
困りを乗り越え伝え合う力を高める言語活動
——本人に寄り添ったできるための工夫——

横浜市立仏向小学校 主幹教諭　**大山美香**

1 「伝え合う力を高める」

　国語の授業で、つまずいている児童は少なくない。漢字テストのやり直し。本を読むのは好きだが、感想といわれると何を書いていいのか分からない。自信がない読みづらい文字の形。国語の基礎的な力は、他教科との関連にもつながる。「伝え合う力を高める」とは人間と人間の関係の中で、互いの立場や考えを尊重し、言語を通して適切に表現したり正確に理解したりする力である。①本や文章を読み、理解できる。②自分の思いを整理し、書き表すことができる。③自分の思いを伝え、相手の思いを聞き理解することができる。言語活動を聞く、話す、読む、書くの二対四面の活動と捉えるばかりではなく、自己を表現する活動であり、ことばを効果的に使用できる能力を育む活動でもあると捉えたい。子供が主体的に行動できるための支援と環境を提供することが合理的配慮と考える。本稿では、担任として、国語の時間がしんどい子供たちを目の前に試行錯誤してきた指導を紹介する。

2　「話す、聞く、書く、読む」のつまずきから

(1) 事例1「スピーチって話すことないし」

① 児童の様子

「普通に話すのはいいけど、みんなの前は……」と言うAさんは、ASDの特性がある4年生の女児である。友達の遊びの中で中心になる。思考や気持ちの切り替えの難しさ。自分の思うとおりに事が進まないと固まり、泣くことがある。自分ルールがあり、授業中は自ら手を挙げての発言、人前でスピーチができないなどの様子が見られた。背景要因として以下のことが考えられた。

　○人前で話すことは、答えがもし間違っていたらと思うと不安になり自信がない。
　○ルールや約束にこだわり相手のことを許せなくなる。
　支援のポイントとしては、次の2点が考えられる。
　○日常生活の中で（Aさんにとっての）練習場面をつくる。
　○自信をつける。

② 合理的配慮の実際

ア　毎日の積み重ね

（ア）かっこいいスピーチのしかた10

毎日、日直が朝の会でスピーチを行う。具体的なスピーチのしかた（**写真1・2**）を掲示し、繰り返し学級の友達が話すのを聞くことでイメージをふくらませる。

写真1　かっこいいスピーチのしかた

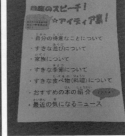
写真2　日直のスピーチアイディア集

前期は、日直の前に、スピーチ原稿シート（**写真3**）に一緒に書き、リハーサルを家庭学習とした。100字と200字の用紙も用意し、内容によって選べるようにした。1回目の日直のときには、固まって泣くばかりだったが、最後に友達からの「大丈夫だよ」の一言で勇気をもらい、次の日直には、前列の友達に聞こえる程度の小さな声ではあったが泣かずにスピーチをすることができた。

写真3　1分間スピーチを書こう

（イ）これでばっちり！　お助け発表メモ

発表メモ（**写真4**）を作成した。図工の作品、鑑賞会、説明タイムや理科の研究計画等に活用するために、シートを用いてグループの中で話す場、次にクラスの中で話す機会を設定した。学校全体での行事や発表の場面では、必ずクラスでリハーサルタイムを設けた。

写真4　これでばっちり！　お助け発表メモ

「良かったところ」と「もっと」をお互いにアドバイスする時間も設けた。発表名人や聞き名人の掲示（**写真5**）も一助になった。Ａさんは、クラス全体での発表では、手を挙げることはなかった。グループでの発表タイムでは、素晴らしい発表ができるようになるとともにアドバイスもできるようになり、少しずつ自信をつけていった。しかし漢字や新聞作りに抵抗があった。

（ウ）ミッキーマウスの評価カード

授業中の、机間指導の際には、Ａさんの

写真5　名人になるには

好きなミッキーマウスを模して作成した6段階の評価カード（花丸A、A〔金色シール〕、花丸B、B〔銀シール〕、花丸C、C〔黄色〕）（**写真6**）を用いて評価した。小さな評価は、様々な場面で有効であった。漢字練習のノートや日頃の学習に花丸と評価を入れていくと、書字に対して意識が高まり、家庭学習の積み重ねでも美しい字になる。社会の新聞作りや理科の観察カードの裏に評価を入れていくと、事実に対してもっと詳しく把握しよう、書き表そうと語彙が増える。注意すべきこととして、評価を本人が理解できるように、次の学習の動機付けになる範囲で意図的に行った。また、クラス全体の手本になるような文章や作品については、根拠をしっかり具体的に言葉で示し、活動の途中でも花丸A（6段階の一番上）とクラス全体の前で伝え、ほめた。休み時間には、「なぜ花丸Aなのか？」と作品や文章を確認する子、それをうれしそうに説明するAさんもいた。

写真6　6段階評価カード

イ　心も元気に

　Aさんは発表の場面になるといつも不安になる。日常的に、魔法の言葉「大丈夫」「まっ、いいか」「どうにかなるさ」「また今度」を繰り返し伝えた。自分に自信がない様子だったので、Aさんの望んでいる「みんなの前で大きな声で話したい」という姿につながる行動を具体的に伝え、できていることに対してはタイミングよくほめ、多めに花丸Aと評価し言葉かけをした。同時に家庭にも連絡をとり、家でもほめてもらえるように心がけた。

③　児童、保護者の変容

　前述のとおり、Aさんは、最初の日直の際には、原稿はしっかり書いているものの、泣いて固まり話すことはできなかった。ある日、スピーチ場面で「Aさんの話し方は間の取り方や声の大きさや真っすぐの背中とか、スピーチの内容がよいと思います。花丸Aです」とAさんの大好

きな友達からほめられた。それをきっかけに、Aさんに変化が見られるようになった。少しずつ、声が大きくなり、授業中の挙手も増えた。2回目のスピーチでは泣かずに小さな声ではあったがスピーチをすることができた。年度末に保護者は、「先生が漢字ノートに書いてくださるAとかBなどの評価は大変励みになったようで、Bのときは『何がいけなかったんだろう』と自分で原因を考え『次はAをもらえるかな？』などと前向きに勉強する姿も見られるようになりました」という手紙をいただいた。Aさんは、漢字の家庭学習で意欲を高めながら力をつけ、スピーチに対する拒否感も薄れ、回数を重ねた日直の場面では堂々と話すことができるようになった。

（2）事例2「何やるの？ 国語嫌い。漢字はもっと嫌い」

「先生、また、Bさんがじゃまをする」この言葉を聞かない日はなかった。Bさんは、5年生男児である。5年生の学級は、外国につながる児童や発達に課題のある児童など多様性に富み、子供たちは日々、いろんな形で担任に自分のことも、Bさんの行動もアピールしてきた。また学級には、学級開き早々に、外国につながる児童が、日本語の習得もままならない状態で転入する刺激的な毎日の始まりだった。

そんなある日、国語の時間にトラブルが起きた。中休みの喧嘩の火種が残ったまま国語の授業が始まり、ささいなことからから大喧嘩になったのだ。暴れるBさんに「国語の授業を始めるよ」と話しかけると、「何やるの？ 国語嫌い。漢字はもっと嫌い」と言い放った。多感なこの時期に、少しでもBさんの学習に対する気持ちを変えてあげたい、まずは、Bさんにフォーカスし1年後の変容を期待しながら、Bさんにとっても、仲間にとっても居心地のよい学級を目指し、4月、スタートした。「これならできるプロジェクト」とは国語の授業の中で、1時間の学習の時間の流れ、漢字の学習の時間、宿題、漢字テスト、日頃の積み重ねについて支援と環境の整備を行った取組である。

第9章 実践編
●事例1 国語の指導と合理的配慮

① 児童の様子

　Bさんは、年度途中でADHDとASDの診断を受け、翌年には服薬投与が始まった。感情のコントロールがきかず、気になることがあると衝動的に動いてしまう。ひらがなの形が整わないなど極端な書字困難があり、周囲の刺激に咄嗟に反応して、暴力、暴言につながることが多い。周りにSOSが出せないなどの実態があった。年度当初、Bさんが在籍している学級全体が不安定な状態にあった。Bさんは、うまくいかないことや嫌な気持ちになると周囲に自分の唾を「ぺっ」と吐き出し反応を見ることがしばしばあった。Bさんの不適応行動が続き、周囲の気持ちも離れていき、本人もどうしてよいか分からず、不安定さが増していく様子が見られた。背景要因として以下のことが考えられた。

　○友達との適切な関わり方を知らない。

　○自分が何をやったらよいか分からず、学習内容が難しくてついていけない。

　支援のポイントとして、

　○課題の量や内容を調整、工夫し、学習意欲を高める。

　○友達との関わり方を知り、気持ちを言葉で伝える練習場面をつくる。

　と設定した。

② 合理的配慮の実際

ア 「場所の整理」

（ア）廊下でクールダウンOK

　気持ちが落ち着かないときには、教室と同じフロアの廊下のへこみをクールダウンの場所とした。ちょうどBさんの体が入り、隣の教室の時計が見えるお気に

「クールダウンカード」

★クールダウン中です。

　　　　　　　　　　話しかけないで下さい。

・先生とやくそくした　時間に　教室にもどる

・クールダウンの間に　一度かがみで顔をみる

図1　クールダウンカード

入り場所だ。ルールを書いたクールダウンカード（**図1**）を持ち、落ち

着くまで過ごすようにした。小さい鏡を設置し、顔が見えるようにした。最初は、約束した時間に、戻ってくることが難しい場面もあったが繰り返すうちに、自分の席に座ることができるようになった。自分の思いが伝わらずにパニックになった際には、先生と約束、クールダウンの流れができ、自分の場所との意識を高める中で落ち着いていった。また、鏡で自分の顔を見ることで、感情が自分自身の顔に出ることの理解が進んだ。併せて身の周りに無頓着だったＢさんが口の周りの汚れや寝ぐせに気付くなどの成果もあり、仲間からの評価も変わっていった。３か月ぐらいが過ぎ、Ｂさんがクールダウンの場から教室に入ることをクラスの仲間が歓迎し、「今日、はやいじゃん」と声をかけた。以前だと次のトラブルのきっかけともなり得る友達からの言葉かけにも、嫌な顔をせずに、素直に受け止め、自分の席に座ることができるようになった。

　（イ）家庭学習もシールでＧＯ

　日々の学級の宿題は、ドリルや計算と音読のセットであったが、Ｂさんについては、月曜日「音読」、火曜日「漢字」３個２回ずつ、水曜日「計算ドリル」10問等、具体的に本児が取り組みやすい量や内容で調整した。また保護者とは、家庭学習をはじめ、日々の出来事について連絡帳でのやり取りを継続した。保護者は、Ｂさんについて学校で頑張っている様子や、学習での困っていることを把握することで、兄弟と比べることなく、Ｂさんにより寄り添ってくれるようになった。カレンダーには、家庭学習を頑張ったときにＢさんの好きなキャラクターのシールを貼ることを教員が提案し、その効果が続いたときには、面談の際にそのカレンダーを持参され嬉しそうに報告をしてくれることもあった。そんな中でＢさんは、学習に対する意欲も増し、国語の授業への抵抗も少なくなっていった。

イ　「自分で選ぶ」

　（ア）選べるシート作戦

　ワークシートや新聞作りの用紙等マス目を大きくしたものを教室内の

第9章 実践編
●事例1 国語の指導と合理的配慮

アレンジャーに常時用意することで選択できるようにした。

　書く内容が分かるように、国語以外にも日頃の観察カード等の記録ではどんな視点で書くのかについて示した（**写真7**）。

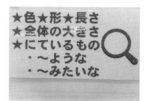  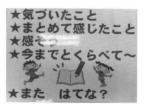

写真7　観察カード　目のつけどころ

　Bさんは、「書くこと」に対して自信がなく、何を書いていいか分からず困り果て、すべて嫌がる現状があった。また、国語に関してはとても嫌悪感が強かった。そこで、Bさんの好きな実験や観察のある理科の観察カードの書き方について示し、具体的に書けたことを評価していった。そんな中で、「観察の視点もいいけど、ここの文字、ちょっときれいじゃない？」などの言葉かけから、少しずつ文字をきれいに書くことができるようになった。少しでも長く書くと、学校でも家でもほめられることから、文章を書くことをあまり嫌がらないようになってきた。また、座席を教卓のいちばん近い席にし、書いたことをすぐ評価するなど頻回に声かけ支援を行うように心がけた。

（イ）隙間の時間をなくすぞ作戦

　学習課題が進むにつれて、子供自身の進度の違いから机間指導する間に隙間の時間ができやすい。見通しと、現在の課題が分からないときに必ずトラブルになる。Bさんにとって空白の時間はつまらなさが最大限になり、友達にちょっかいを出す時間になりやすい。そこで国語辞典、漢字辞典の

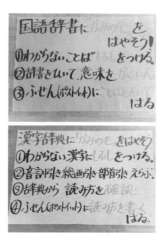

写真8　「かみの毛」をはやそう

97

活用を図った。既習の使い方カードで辞典の使い方を確認し「かみの毛をはやそう」(**写真8**)と銘打った。調べた漢字や言葉を付箋に書き、貼り付けていく。発展していくと、色や意味合いを自分で決めて記入し、調べたページに貼る子も出てきた。Bさんには、時間をかけて辞典の使い方を習得させ、家庭学習にして、保護者の協力を得ながら辞典の活用を進めた。Bさんは、使い方が分かると知っている言葉を、積極的に調べ付箋を増やした。自信が出てくると、外国につながる児童の横について、教えたり、一緒に調べたりする姿が見られるようになった。また、机の横に辞典を置き、Bさんの学習の隙間の時間には、いつでも調べてよいこととし、意味のある付箋が増えていった。

（ウ）漢字博士

学習予定の漢字を1人に一つずつ割り振り、各自が家庭学習で調べてきたことを、漢字タイム（新出漢字の授業時間）(**写真9**)に仲間に向けて発信する。漢字博士には台本がある。「①私の書く漢字の音読みは○○、訓読みは○○です」「②使い方は、○○です」「③意味は○○です」「④それではみんなで空書きをします」とみんなで書き順を確認する。その際2人で行うことも可能にした。

Bさんは、初回は、「どうしても無理」と発信することができなかったが2回目には自分の調べてきたことを小さな声ながらも発信することができた。いつしか外国につながる児童のサポーターとして登場し友達を支えることができた。

写真9　漢字博士

写真10　1時間のスケジュール

98

ウ 見通す

（ア）1時間のみえるスケジュール

すべての学習において、学習のスタイルをパターン化した（**写真10・11**）。1時間ごとに「めあての確認」「みつけえーる（課題についてのヒントを探る）」「かんがえーる／やってみえーる（思考・判断・実験）」「つたえーる【ペア、グループ】（情報の共有）」「まとめーる（今日のポイント）」「ふりかえーる（感想）」と整理した。いつも、授業の前に黒板の右上に提示し、「ここだよ」と学級目標におけるキャラクターが進み、視覚的に確認できるようにした。Bさんは、見通しがないと、不安になり、不適応行動が増え、トラブルにつながることが多くあったため、パターン化した声かけをすることや、今何をする時間なのかの確認をすることで学習に取り組むことができるようになった。他の教科も含めて単元や学習の見通しを持つことで、忘れ物が減ったり、授業中にBさんから「次はまとめーるだね」などの声が上がったりするようになった。

写真11　学習スケジュール

（イ）板書も選べ〜る

また、板書を工夫し、視覚的な教材を多く活用した。登場人物の気持ちの動きなど、ロールプレイなどを通して考える時間を設けることもあった。Bさんの書くことの負担を減らすために板書を写す部分について「めあて」だけあるいは「まとめーる」だけと選択させた。また板書に合わせたワークシートを使うようにした。

エ　チャレンジ

（ア）学習コツコツ大会

　学習の中では、スモールステップを大事にした。2週に1度、週末の5時間目の始めの15分間を、「学習コツコツ大会」として設定し、漢字あるいは計算のミニテストを行った。その期間に出された宿題がミニテストの内容になる。10分テストと5分間の振り返りというパターン化をした。

（イ）学習貯金通帳

　学習貯金通帳とは学習の成果を確かめられるものである。学習貯金通帳と称した一覧を、振り返りの時間のみ示す。ルールは、金シール（満点）、黄色シールと赤シールの点数区分は学期ごとに、自分で決めてよいとした。はじめ、Bさんは、何もしなかった。回数を重ねていくと、5分経過すると、Bさんは、コーナーにある「今日の答えの解答シート」をゲットする。Bさんをはじめ家庭学習に取り組んだ数名が、自己申告する。学期初めにそれぞれが目標を立て、学習コツコツ大会に取り組む。Bさんは、周りの仲間の姿を見てテストを受け、訂正をするときも、ミニテストの裏面のマス目に、漢字を練習するようになった。家庭での応援もあり、毎週喜んで参加するようになった。

オ　みんなと

（ア）三つのクエスチョン

　友達とトラブルを起こすと、自分からクールダウンする場所へ移動するようになった。クールダウンした後には、必ず短い時間でも「嫌だったこと」「どうしたい？」「次はどうする？」の三つを確認することを心がけ、トラブル後は関係した友達と顔を合わせ話し合うことを繰り返した。

（イ）自己肯定感ＵＰ　ＵＰ　ＵＰ

　これまで、様々なトラブルの中でBさんは投げやりで、相手の気持ちを考えた行動の難しさがあった。日常より、特別活動や道徳で心ほぐし

第9章　実践編
●事例1　国語の指導と合理的配慮

のゲームやロールプレイを実施した。意図的に友達と関わる場面を取り上げることで、自分がされたら嫌だと思う行動について考えることができた。また、望んでいる姿を具体的に伝え、できていることに対しては、タイミングよく評価し言葉かけをするようにした。

③　児童の変容

　4月初めにはパニックになると表情が一変し暴れていたBさんは、7月上旬ぐらいから少しずつ変化が見られた。苦手だった国語の時間に、板書のめあては必ず書き、最初の20分は一生懸命取り組めるようになった。20分間がんばったら、辞典タイムOKが楽しみになったのだ。辞典の「かみの毛」を増やすことに、目の色を変え取り組み、視覚的に増えていく付箋を見つめ、にんまりしだした。また、あんなに嫌がった漢字テストも、始まりから5分たったら解答シートをゲットできるBさんは、10分間は黙々とミニテストの裏面に漢字を練習した。外国につながる児童のがんばりもあり、ライバル心が芽生えた。

　保護者は連絡帳に書かれる日々の中で起こる事実を確認することにより、Bさんの困っている姿も担任と共有できるようになった。保護者の受容が進むにつれて、家族全員で家庭学習の支援と励ましをしてくれるようになった。これが力になり、本人は落ち着いていった。クラス替えのないまま6年生も持ち上がり、担任として、最高の卒業式を経験させてもらった。

（3）事例3「本は好きだけど……」

①　児童の様子

　「本は好きだけど……」Cさんは、先天性の病気により、視覚に困難さが見られる5年生の女児である。4年生の年度末に他県より転校してきた外国につながる児童。友達に対しては友好的で関わりたい気持ちは強い。行動に落ち着きのなさが見られる。困っていることを伝えることができない現状があった。以下の背景要因が考えられた。

○分からないことや初めて経験することに不安がある。

○質問や助言の求め方を知らない。

支援のポイントとして、

○見通しを持たせる。

○信頼関係を築き、安心させる。

と設定した。

② 合理的配慮の実際

　まず、始業式の翌日から放課後にＣさんと学校を周り、見えにくくて怖い心配な場所を確認した。その場所について、学級全体で共有した。話をする中で、絵を見ることが好きなことが分かったため、Ｃさんと話す中で、困っているときには頼ってほしいこと、分からない日本語はどんどん聞いてほしいことを伝えた。Ｃさんは自分自身で、できるようになりたいと願い、言葉をスポンジのように吸収していった。絵本の言葉シリーズ全巻を学級文庫に設置し、語彙の獲得のための一助とした。教室の席は、一番前にし、拡大投影機を活用した。拡大投影機がそばにあることで、しっかり自分の目で確認することができた。

ア　書く内容の変更

　Ｃさんに、書くことで負担を感じさせないように、授業中のヒントカードやワークシートを多く活用した。ノートを書くときは、黒板の３分の１まででＯＫとし、自分の意見を書くときにはマス目の大きいシートを準備した。書くことに関して、自己決定をし、文章を書くことが苦手な仲間と一緒に学び合うことで文字数と質問が増えていった。また、テストのシートは、必ず２倍の大きさにした。テストは、担任の見えないときには手を挙げ、アイコンタクトから、別紙で大きく書き、支援した。

イ　情　報

　関係機関に連絡をし、拡大教科書の申請を行った。

　すべての教科書に、ふりがなをつけ、ルーペ（近用弱視レンズ）を用意した。Ｃさんは学習意欲が旺盛であり、ルーペを手に情報をどんどん

第9章 実 践 編
●事例1　国語の指導と合理的配慮

取り入れ、吸収した。休み時間等に教科書の挿し絵を使って、登場人物の気持ちを考えさせたり、話の要点を確認したりした。短い時間であってもやり取りをする時間をつくることで、授業中の発言も増えていった。単元のテストのシートについてはプリントを2倍の大きさにして実施した。特別支援学校のセンター的機能を利用し、学校全体で関われるようにCさんの困っていることを伝え、学校全体の課題として整理した。

ウ　「大造じいさんとガン」

　単元で身に付けたい国語の能力を子供が一層主体的に身に付けていくような課題解決的な学習過程を位置付けた学習指導が大切だ。「大造じいさんの世界に飛び込んで朗読発表会を開こう！〜残雪の気持ちや様子が分かるように友達に伝えよう〜」と読みに焦点を当てた授業を行った（図2・3）。単元目標を①登場人物の心情を読み取り、自分の思いや考えが伝わるように音読や朗読をする。②場面の変わり目や細かな情景描写や登場人

図2　朗読の手引き

物の心情の変化を表す表現に注目して、様子を想像する、とした。また評価規準では、読む能力の「自分が文章から受け取った印象を大切にして音声化している。登場人物の心情を、会話や心情表現、行動を表す文・語句に着目して読んでいる。場面についての描写など、独特の表現と作品全体の様子と関係を考えている」（図4）を重視した。

　話すことが好きな本児の発言を大切にした。考えや思いを積極的に発言する場面では、発言の中の疑問点を、皆の課題として捉え、解決につなげていった。また、自分の思いをどんどん書けるときには、誤字脱字の修正は控えめにし、その意欲を、具体的に評価した。

　Cさんの言葉の理解と見えづらさからくる憶測による強い発言によ

103

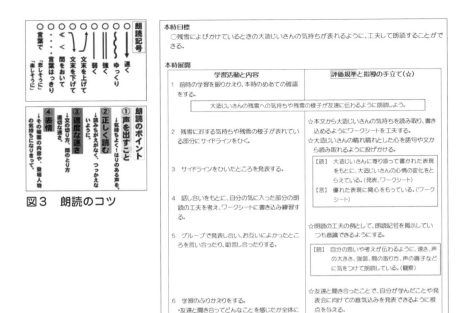

図3　朗読のコツ

図4　「大造じいさんの世界に飛び込んで朗読発表会を開こう」

り、トラブルにつながる現状があった。本人が困っていることや、どんな支援が必要か等、様々な機会を捉え、学級にも話し、友達からの協力が得やすいようにした。

③　児童・保護者の変容

　Cさんは1年間で心も身体も強くなった。身体を動かすことは好きだったが、友達とうまく折り合いがつかなかったり、けがが多かったりとトラブルが続くときもあった。自ら「これは見えないよ」「ルールが分からないから教えて」と自分の思いを伝え、友達との関わりも深めていった。

　幾度となく家庭訪問をし、保護者とも様々な話をした。保護者は「本児がいないと買い物に行くのも困る」と話していたが、冬になる頃には「日本語をたくさん教えてくれて、今は買い物も大丈夫。区役所はちょっ

と嫌だけど」と進学で悩むCさんの前で、話されていた。

　日本語と見えにくさの困りごとが少し解消され、SOSを出せるようになったCさんはたくましく見えた。

これから

　「この人、大山美香先生。ガンバっているとこんな奇跡みたいなことが起きるんだね」と仲間に紹介するCさんに先日学校で会った。ブラインドサッカーの講師として来校したのだ。子供との出会いは、教員を大きく成長させてくれる。子供の困っていることを把握し、整理することが必要だ。個別の指導計画や個別の教育支援計画等を作成し、保護者や関係のある職員等チームで情報を共有し、具体的な作戦をこれからも立てていきたい。担任が1人で背負うことなく、特別支援教育コーディネーターを中心としたチームで関わることや信頼関係を築くことをこれからも大切にした指導を目指したい。

【参考文献】
菊池省三編（2012）『小学校発一人ひとりが輝くほめ言葉のシャワー』日本標準

【引用】
横浜市教育委員会（2012）『言語活動サポートブック～くりかえし指導したい44の言語活動～』時事通信出版局
横浜市教育委員会（2009）『横浜版学習指導要領　国語科編』ぎょうせい

● 事例2 ●

算数・数学の指導と合理的配慮

数学科で身に付けたい力と指導・配慮の工夫

横浜市立洋光台第一中学校 通級指導教室担当教諭　**下村　治**

① 合理的配慮の前に教師として考えること

　特別支援教育関連の書籍や論文を読んでいると、子供の実態や障害特性から合理的配慮を考えていることが多い。しかし、そこには教科教育の目的が見失われていることが多く、筆者はこのことに対して大いに疑問を持っているところである。

　教育の現場では、教科の学習にしろ、学校行事にしろ、必ず何らかの目的があり、教師はそのねらいを明らかにして指導に当たるべきである。障害があるからできないとか、難しいとか、初めから決めつけるのではなく、ねらいを実現するためにその子の実態がどんな困難さを引き起こすのかを考え、その上で配慮が必要ならば対応することが教師にとって必要なことだろう。

　本人・保護者の申し出を無思慮に受け入れるのではなく、また、学校から恩着せがましく押し付けるのでもなく、双方向からの合意形成のもとで合理的配慮は行われるべきである。そのために、学校は一つ一つの活動のねらいを示すことが大切であり、教科の指導で言えば評価の方法や規準を明確に提示できなければならない。

　そこで、本稿はまず、数学教育の立場から学習のねらいや身に付けてほしい力を示し、そのためにどのような工夫や配慮が考えられるのかを筆者の経験をもとに提案したい。

106

第9章 実践編
●事例2 算数・数学の指導と合理的配慮

また、合理的配慮を現場でスムーズに導入するためには、ある生徒個人に対する配慮を考える前に、その生徒を意識した授業づくりから行うべきだと筆者は考えている。したがって、個を意識した全体への配慮の参考となる事例を紹介する。

2 数学教育に求められるもの

平成29（2017）年3月に公示された新学習指導要領では、教育内容の主な改善事項として、理数教育の充実が挙げられている。算数・数学教育に関わる具体的な点としては、「日常生活等から問題を見いだす活動の充実を通して学習の質を向上させること」や「必要なデータを収集・分析して、その傾向を踏まえて課題を解決するための統計教育の充実」が示されている。

共生社会の時代の特別支援教育を考えるに当たり、これまで考えられ、実践されてきた指導・支援の方法を振り返ると、表面的に「できる」ことを重視した風潮がなかっただろうか。身に付けた力は、実は電卓などにより代替可能なものに過ぎないのではないかと考えざるを得ない。

これからの時代、人工知能などの技術革新が進み、筆者には想像もつかない便利な機器が出来上がるだろう。そんな機器をいとも簡単に使いこなす子供たちにとっては、単に計算ができて、正解にたどり着く能力ではなく、日常の事象を数量的に捉えて分析的に見ることで、合理的に考え、判断していく能力こそが算数・数学教育に求められると筆者は考えている。

学年が上がるにしたがって、子供たちの学力差は広がっていく。特に算数・数学は、下の学年で学んだことが基盤となって次の学年に進んでいく積み重ねの教科と思われがちで、一度苦手意識を持ってしまうと、本人も保護者も再起不能と諦めてしまうことがある。また、諦めないまでも、分からなくなったところまで戻って学習すると、なかなか自分の

107

学年相応レベルまで回復できず、同じところで何度もつまずいてしまい、自信を失ってしまうことが多い。

　算数・数学教育全体を通してみれば、学習指導要領に沿った一本道と考えることは無理もない。しかし、一つ一つの単元や、一回一回の授業といったように、局所的に見れば、その時々のねらいがあり、前のことが分かっていないから絶対にできないというものでもない。このような基礎的な理解の遅れがあったとしても、その時間の学習のねらいに注目し、必要なスタートラインをそろえることが、"すべての子供に配慮した学習指導"を展開する土台となる。

　合理的配慮は、本来、個々の事例によって様々ではあるが、それを考えるに当たり、数学科の学習指導要領に定められた四つの領域について、身に付けたい力と指導・配慮の工夫を概観する。

① 　数と式

【身に付けたい力】

　小学校では正の整数から分数や小数の範囲へ「数の範囲」を拡張したように、中学校では負の数や無理数へ拡張していく。また、小学校では四則演算のルールを学んだように、中学校では文字式のルールを学び、一次方程式、連立方程式、二次方程式と発展していく。さらに、高校へ入ると数の範囲は複素数に拡張され、高次方程式へと発展していく。

　「数と式」を学ぶことは、数学的に考える基盤を広げ、より強固なものにしていくことである。つまり、できることが多くなれば、使用範囲が広がり、より高度な思考・判断ができるようになるということである。だから、計算という点では、ゆっくり正確にできることはもちろん大切であるが、それだけではなく、より早く自動化された処理ができるようになることが望ましい。

【指導・配慮の工夫】

　「できる」ようになる指導方法はこれまでも数多く紹介されているので、いずれかの方法を使って本人に頑張らせることも多少は必要であ

第9章　実　践　編
●事例2　算数・数学の指導と合理的配慮

る。確かに計算が合うようになってくると、達成感が得られ、それを
きっかけに算数・数学の学習が楽しく好きになることも多い。パソコン
のアプリケーションにもトレーニングができるものが増えているので、
ぜひ活用したい。

　一方で、どうしても配慮が必要なのは、文章題などのいわゆる応用問
題を解く場面である。冒頭でも述べたように、算数・数学の目標は、た
だ計算ができるようになることではない。日常に潜む様々な課題を見い
だし、数量的に解釈する力をつけたいから、授業の中ではあえて作為的
な問題で練習しているのである。中にはいかにも作為的で、現実離れし
た言い回しのものも確かに存在する。こだわりの強い子供は、このよう
な文章表現でつまずくこともあるため、あくまでも活用の練習だという
ことを忘れないように指導したい。

　このように考えれば、計算ができないから文章題に取り組むのはまだ
早いといった考えは誤りであろう。計算そのものは電卓などで代用する
ことも可能だし、教師や他の生徒など誰かが済ませた計算結果を利用し
たところで、学習の目的が失われるわけではない。

　方程式という技能を習得しようとするときも、分数や小数の計算がで
きないからといって、最初から諦めるべきではない。自然数の範囲であっ
ても、方程式自体の理解は可能である。できる範囲の知識を使って学習
を進めることで、さらにできる範囲を増やしていくことが大切である。
一見、障害特性の状況によっては学習が進まないように見えても、指導
者が教科書の順序性に縛られなければ、より多くのことを学ばせること
が可能である。

② 　図　形

【身に付けたい力】

　長さ・広さ・重さなどの大きさを量として表すことができるようにな
ると、ものごとの比較ができるようになったり、目の前にないものの概
形を想像できるようになったりする。初めは三角形や四角形といった基

109

本的なものから学び、その組み合わせによってより複雑なものが表現できるようになる。

　また、学習を進めて、世の中のすべてのものは図形の特徴や性質を利用して作られていることを実感させたい。そこには理に適った構造があることも順を追って理解できるようになる。そのためには、図形の性質を体系的に学ぶことも求められる。

　教科の学習上、問題として問われる方法は、長さや面積を求める、定理を証明するなど様々である。しかし、ここで大切なのは長さや面積そのものではなく、定理そのものでもない。答えに至った過程であり、それを説明する能力である。

【指導・配慮の工夫】

　「数と式」の文章題の説明でも同じ趣旨を述べたが、計算力がここで求めている力ではない。これまでの高校入試では、計算によって求められた最終結果である長さや面積の数値が合っていることで、内容が分かっているとみなしてきた。実際、正答であれば概ね間違いではないが、誤答だった場合、その子供がどの程度の力を身に付けているか評価できない。

　筆者は数学が専門であるから、図形の証明問題を考えているのはとても楽しい時間であるが、数値計算ははっきり言って面倒であり、いつも電卓で処理している。わざわざ筆算をするなど、思考を中断する必要などないと考えている。

　したがって、数値計算に電卓を利用することや、正確な図が欲しいときにパソコンやグラフ電卓を利用することは、学習を促進させることであり、決してさぼっているわけではない。近年 ICT の利用が推奨されているのは、このように本来身に付けさせたい力をサポートする要素を持っているからである。

　本稿の読者は特別支援に関わっている方が多いかもしれないが、特にそのような方には ICT の利用が欠かせないだろう。

第9章 実 践 編
●事例2　算数・数学の指導と合理的配慮

　筆者の周囲にも、読み書きに困難があると診断されているケースが増えてきた。そのような子供には、従来のように長い証明を全文書かせる必要はない。しかし、穴埋め問題にしろというつもりは毛頭ない。むしろ、口頭試問やワープロ解答にするなどの代替手段を用いて、学習の促進を優先すべきだと考える。ただ、書きが苦手だからといって、やみくもにワープロを利用するのはよくない。数学の場合、特殊な記号や数式の入力に手間がかかるため、必ずしも合理的とは言えないので注意が必要である。

③　関　数

【身に付けたい力】

　日常生活に即して具体的に考えることの多かった小学校の算数に対し、中学校の数学は、一気に抽象度が増していく。また、抽象的な関係式を目に見えるようにしたものが座標であり、関数解析の考え方は近代数学の花形とも言える。中学校から高等学校にかけて展開される教育課程は微積分へとつながっており、この分野を理解できるかどうかが将来の進路にも大きく影響する。中学校の数学になって急に難しくなったと感じる子供は、このあたりの抽象的な思考につまずいていることが多い。

　一方で、形式的・機械的処理ができるのは抽象化の威力であり、中学校に入って数学は易しいと感じる子供もいる。大学入試でも、微積分の分野の問題は形式が定まっているから比較的解きやすいというのも通説である。

　将来数学そのものを利用する立場になるとすれば、基盤になる学習分野だけに、知識・技能を定着させ、根底からの理解が求められる。

【指導・配慮の工夫】

　学校の授業ではグラフを描くなど、作業的な学習が多くなる。正確さを求めるのであれば、ICTの活用について多くの実践がなされており、そちらが参考になるだろう。数式を入力するとグラフが得られるパソコンソフトも、かなり優れたものがフリーでダウンロードできる時代であ

111

るので、利用するとよいだろう。

　ただ、グラフとは、関係式を満たす座標上の点の集合であるという考え方を定着させるには手作業も大切である。そこで、微細運動の苦手な子供には、グラフを描きやすい大きさのワークシートを用意するなど作業が滞ることのないように配慮があったほうがよい。特に不器用な子供には、芯が太目でやわらかい鉛筆で書かせるなど、文房具の適正化も考えられる。文房具メーカーも重心のぶれにくいコンパスや左利き用の定規などを開発販売しており、一昔前に比べて格段に進化している。

　数値計算も細かなところまで要求するのであれば、全員に電卓使用を許可したり、遅れた子供にヒントカードを与えたりして、活動を一旦そろえる授業づくりができるとよいだろう。

④　データの活用
【身に付けたい力】

　新学習指導要領の中では特に重視されている領域である。過去のデータを分析し、その傾向を踏まえて自分の行動を決定するのは、日常いたる所で起こっていることである。このような行動決定は無意識に行われることもあるが、経済活動やスポーツなどでは意図的に行ってよい結果を期待している。

　気象庁ではデータをたくさん集めて雨の確率などを予想しているが、一般の人はそれを利用して傘を持っていくか行動を決定する。野球では、対戦相手の過去の試合のデータを見て、打球の飛びやすいところにあらかじめ移動して守備をすることもある。こういったデータによる予測はもちろん100%ではないが、成功率を高めるということを身に付けたい。
【指導・配慮の工夫】

　多くのデータを集めたり、手間のかかる計算をしたりするのは、1人で学習を進めるよりも、グループで行うほうが効果的な場合が多い。その際、グループ編成にも配慮があるとよい。データをたくさん収集する、計算する、傾向を分析する、発表用模造紙に書く、発表する、発表のと

第9章　実　践　編
●事例2　算数・数学の指導と合理的配慮

きに模造紙を高く持ち上げるなど、学習活動の中には様々な役割分担がある。多少コミュニケーションに自信のない子供でも、グループ内で自分にもできる役割を担うことが達成感につながる。

　逆に、このような活動を1人で行うときは、それぞれの活動に対する苦手さを補う支援が必要になる。ここでも ICT の活用はポイントになり得る。パソコンで一般的に搭載されている表計算ソフトは統計処理できる機能が内蔵されているし、シンプルなものでよければ優秀なフリーソフトも数多く開発されている。

3　実践事例から考える

（1）ものづくり体験から学ぶ

　ICT の充実により、教材の視覚化が進んでいる。多くの子供たちにとって便利であるが、パソコンの画面は残念ながら平面であり、空間図形の学習にはまだまだ工夫が必要である。特に空間認知の弱さが顕著な子供は、学習課題の把握が難しい。

写真1

そこで、中学校1年生の多面体の学習では、実物を作って、目の前で辺や頂点の数を数えるなど、体験的な学習が効果的である（**写真1**）。このような体験的な学習は、認知の弱さを補うだけでなく、多動傾向のある子供も興味を持って取り組み、一定時間の集中が保てる。

　こういった実践は、通級指導だからこそと思われがちだが、決して目新しいものではなく、通常の学級でも実践している教師は多数いる。よくある実践が、特別支援教育の視点から見ても有効な事例である。

113

(2) 失敗しながら本質に気付く

　パンタグラフ（拡大縮小器）（**写真２**）を使って、実際に拡大図を描いてみるといった体験的学習は、微細運動が苦手な子供にとっては非常に難しい。実践では、アニメのキャラクターを２倍に拡大する作業を行った。

写真２

　よく三角形や四角形などの基本的な図形を拡大したり縮小したりする実践を目にするが、面白くないだけでなく、図形が単調すぎて本質的なところに気付きにくい。少し複雑であっても、こういったキャラクターの方が少しの歪みで違和感が生まれ、気付きが誘発できる。

　大雑把な感想としては、身長も横幅も確かに２倍になったと実感できるだろうし、画用紙が４倍の面積だというのは、学習上重要な気付きである。

　この実践で、ある生徒が「手元でずれると、出来上がったときも２倍ずれてしまう」と気付いた。作品作りを行うと、とかく見栄えのよいものが高評価になりがちだが、この生徒のような数学的な気付きこそが本質的な評価対象となるべきである。

　作品作りがうまくいかなかったからこその気付きであり、教師はこのような発言を大切に拾っていきたいものである。

(3) 作業の足並みをそろえて思考時間を確保する

　桜の開花予想は、教科書にも載っているような有名な実践であるが、データを収集して統合する力、計算力、傾向を見いだして予測する力な

第9章　実　践　編
●事例2　算数・数学の指導と合理的配慮

ど、様々な力を必要とするため、進捗状況に大きな差が出やすい。したがって、活動に節目をつくり全体の足並みをそろえることが、この題材で最も大切な思考時間を確保する仕掛けとなる。筆者の実践では、節目にヒントカードを用意しておき、活動が遅れた生徒がある瞬間に一旦追いつき、次の作業に他の生徒と同じタイミングで移行できるようにした。

このとき、活動の目的を他の生徒も理解していないと、ヒントカードに対して「ずるい」とか「自分でやって損した」という声が出てくるだろう。しかし、その日の活動のめあてを明示して、どのようなことが評価されるのかが理解されていれば、全過程を自力で消化できた生徒は達成感を得るし、ヒントカードを使った生徒も重要な点だけは経験して授業を終えることができる。

これらの実践はいずれも、体験的な学習であるため、年間通して毎時間行うようなものではない。また、「テストで点数が取れること」に直結していないように見え、通常の学級では時間のない中で実践を躊躇する気持ちも分からなくはない。

ただ、発達の偏りなどに起因して学習が遅れがちな子供を、絶対に置き去りにすべきではない。そこで年間何度かは、このような実践が導入できないか。新学習指導要領のポイントを十分に含んだ学習指導になるはずである。

また、学習に諦めが出始めている生徒にとって、テスト対策の応急処置を行っても、劇的に点数が伸びるわけではないことに多くの教師は気付いているはずである。むしろ学習意欲を高めることが、テストに対してもより効果的ではないか。

本稿は、すべての子供に配慮した学習指導という視点で書き進めてきたので、小学校や高等学校といった学校種を問わず、考え方には汎用性があるだろうと考えている。

115

● 事例3 ●

理科の指導と合理的配慮

ユニバーサルデザインを用いた理科（生物）の授業づくり

神奈川県立麻溝台高等学校 教諭　**幡野仁哉**

　筆者が在籍する学校は、多くの生徒が大学進学を目指す学校である。しかし、コミュニケーション面に課題を抱える生徒や学習上の困り感を有している生徒は少なくない。本稿では通常学級における教科指導として、ユニバーサルデザインを用いた理科（生物）の授業づくりについて、筆者の実践を紹介する。

1　理科の指導における合理的配慮

　障害者の権利に関する条約を批准したことや中教審の報告を受けて、インクルーシブ教育を推進する機運が高まっている。また、その推進に向けて特別支援教育を着実に進めていくことが必要とされている。具体的な一例として、小中学校では特別支援教育の視点に立った授業づくりとして、ユニバーサルデザインを用いた実践報告が数多くされている。

　涌井は、ユニバーサルデザインによる授業を、「すべての子どもがわかる、できることを目指した授業であり、一人ひとりの学び方の違いに応じていろいろな学び方が選べる授業」と定義している[1]。この定義をもとに、高校の理科の指導における合理的配慮を次の二つに分けて考えていきたい。

　一つ目は、すべての生徒が分かる、できることを目指した授業である。これは合理的配慮を提供する上で基礎をなす部分であって、学習環境を

116

整備することである。例えば、色覚に配慮した見やすい板書や簡潔な指示を出すことなどが挙げられる。これらは授業づくりの基本であって、すべての教科に通じるものである。

　二つ目は、一人一人の学び方の違いに応じていろいろな学び方が選べる授業である。理科は目に見えない抽象的な現象を扱ったり、科目間を横断した学習内容が設定されていたりすることが多い。したがって、学習上の困り感を前もって予測した上で、ICT機器の活用をはじめとした具体的なイメージが持てるような支援を考えていくことが必要である。また、学習形態を適宜、変更、調整して、小集団による学び合いや個別指導を取り入れることも必要であろう。このように、様々な学び方ができるような授業を計画、実践していくことが大切である。

　学びやすい学習環境を確実に保障し、その上で多様な学びが実現できるように考え、工夫していくことが理科の指導における合理的配慮であると筆者は捉える。その際、気を付けていることとして、支援策が後手に回らないように注意している。したがって、発問や机間指導の時間を多くとって、どのような学習上のニーズを抱えているのか絶えず把握するように努めている。生徒一人一人の学習上の困り感に寄り添いながら、分かる、できるといった達成感から、学ぶ意欲を高めることにつなげていきたい。

2　生物の授業における合理的配慮の実践

　目指す授業像は誰にとっても分かりやすく、学びやすい授業である。こうした実践の積み重ねは、インクルーシブな学びを築いていく基礎となる。以下にその実践を示す。

（1）清潔で落ち着いた学習環境の保障

　始業の5分前には教室に到着し、黒板の清掃をする。常に黒板を清潔

な状態に保ち、文字を大きく書くことで板書がはっきり明瞭となり、色覚的な配慮につながる。また、机上の整理を徹底する。不必要な物はしまわせて、気持ちが散在しないよう注目させたい内容の一点に集中できるようにする。

教師の「毎授業を大切にしている」という姿勢を生徒に発信するためには、こうした取組の積み重ねが重要である。

（2）授業の見通しと構造化

写真1　本時の活動

本時の活動を**写真1**のように示して、活動に見通しを持てるようにした実践は特別支援学校をはじめ、多くの小中学校で行われている。こうした取組は高校においても有効であると筆者は感じている。高校は授業時間も教科・科目数も格段に多い。授業の見通しを持ちながら、集中力をセルフコントロールできるような学習環境を整えなければならない。また、板書をする際にも見通しを持てるように配慮している。書く分量や追記のためのスペースを前もって予告することは、きれいなノートを取らせるための支援につながる。

授業の内容を構造化することも大切である。授業は「①板書→②演習」を基本に展開し、学習内容に応じて教科書を読んだり調べ学習を行ったりしている。その他に（5）で後述するように耳で聞いて覚える学習（リスニング）なども行っている。各活動の時間配分については、いつも同程度になるように計画している。そのため、タイマーを活用してオンタイムで授業が進行するように工夫している。さらに、「なぜそのように

なるのか」という理由付けをしながらストーリー仕立てで説明することを意識している。話にテンポが生まれ、聞き手である生徒と同調しながらメリハリに富んだ授業をスムーズに展開することができる。

（3）マグネットバーの活用

　黒板を分割する際に、チョークではなくマグネットバーを用いている。これは見え方や捉え方に困難を抱える生徒（チョークによる区切りがひとつの数字や文字に見えてしまうなど）に配慮するためである。**写真2**で示すように、遠くから見てもはっきり左右の板書事項を区別することができる。また、予め黒板を分割しておくことで、字の大きさや書く文量を意識しながら板書できるといった教師にとってのメリットもある。

　マグネットバーを定規として活用することもできる。特にグラフを作成する際に威力を発揮する。理科を学習する上で、実験のデータや観察結果を正しくグラフに反映させ、表現できるようになることは重点的に身に付けさせたい能力である。実験の授業に限らず、普段から正しいグラフの作成法を教示していくことが大切である。縦軸、横軸が真っ直ぐに引かれていると、こちらの指示がなくても定規等を使って見やすく正しいグラフを書こうという気持ちになり、その意識を喚起できる。

　その他の活用としては、指し棒として利用することもできる。色彩が明瞭で、適度な重さと丈夫さがあるため大変使いやすい。また、

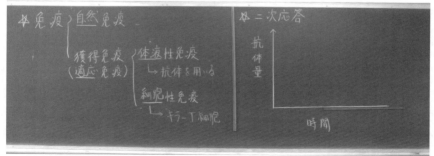

写真2　マグネットバーの活用例（黒板の分割）

「A → B → C」といった化学反応を説明するときにもマグネットバーが重宝する。例えば、ある阻害剤によって反応がBで停止した場合、その先の反応が滞ったことをマグネットバーで示すことで視覚的に捉えやすくなる。さらに、阻害剤の有無による結果を比較した図や写真をマグネットバーで貼付すると理解が一層深まる。

　このように各教科の特性に応じて、まだまだ様々な活用法が見いだせそうである。

（4）ICT 機器の活用

　遺伝子工学や神経生物学、発生生物学といった生命科学領域の学術研究は日々目覚しい発展を遂げている。これに伴い、高校生物の学習内容も教科書の改訂ごとに大きく変化している。生命科学領域に関しては、分子細胞レベルの高度で複雑な３次元的な理解を求められる。したがって、種々の現象を平面的に理解するだけではなく、より立体的に捉えることが大切である。

　そこで、スマートフォンを活用した動画学習が効果的な支援である。インターネット上には、学術機関（研究所、大学の研究室など）や学術論文などの多くの動画教材が提供されている。実際の作用機序を、アニメーションにより確認できるので視覚的にイメージしやすい。これらを生徒たちが検索して調べることで主体的で協働的な学び合いを活性化することができる。また、教科書の内容を補完するだけでなく、最新の知見に触れることで学術的な興味・関心を引き出すこともできる。

　写真3はツクシの胞子を顕微鏡で観察する実験である。教師用の顕微鏡には大型モニターが接続されていて観察像を映し出すことができる。顕微鏡観察の実験ではどうしても顕微鏡と"睨めっこ"をする個人作業となり、全体へ向けて説明することが難しい。例えば、倍率や光量（しぼりや反射鏡）の調節による見え方の違いや観察試料が動く場合（原形質流動など）が挙げられる。大型モニターと連動しているので、生徒は

第9章 実践編
●事例3　理科の指導と合理的配慮

大型モニターを確認しながら個人の作業を進めることができ、理解を深めることができる。なお、ツクシの胞子は水分を含むと伸ばしていた弾糸を縮めて発芽に向けて小さく丸

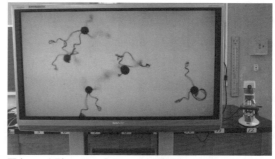

写真3　大型モニターを用いた観察実験での支援

くなる。水分がなくなると再び弾糸を伸ばして胞子が風で運ばれやすいように変形する。この動きを大型モニターで観察すると大変面白く、生徒たちの探究心を刺激することができる。

（5）多様な学び方の実践

　視覚優位、聴覚優位など学びやすい学習方法は生徒一人一人それぞれである。だからこそ、読む、書く、見る、聞く、まとめるといった多様な学びを学習活動に取り入れなければならない。多様な学びが実現できるよう、生徒の実態に応じて計画、変更、調整することは合理的配慮の実践において大切である。

　写真4は視覚教材として、「テロメアの帽子」という遺伝学をテーマとした絵本（アプリケーション）[2]である。タブレット端末をプロジェクターに接続して読み聞かせを行う。理系の生物選択者向けの高度な内容であるが、遺伝学の全体像を容易に理解することができる。教科書の内容と絵本のストーリーが結び付くと、生徒たちから「なるほど」といった同意や驚きの声があがり、学びの質を深める支援につながっている。

　写真5は、「歌う生物学」と

写真4　絵本アプリの活用

121

写真5　聴覚を活用した教材

写真6　付録教材（DNA模型）

いう高校生物の学習内容を歌にした教材[3]である。歌詞が語呂合わせになっているなど覚えやすい工夫が凝らされている。授業では、穴埋めにした歌詞を配り、答えを予想しながら聞き取る活動（リスニング）を行っている。こちらの教材も学習の全体像を理解しやすいので復習にも予習にも応用できる。

　各出版社の教科書においても、ルビふりや反転図録などユニバーサルデザインに基づく配慮が数多くなされている。また、体験的な学びを大切にした教材も提供されている。実践した一例として、**写真6**のようなDNAの分子構造モデルの作成を行った。教科書の付録[4]を用いて実際に組み立てることで、学習した知識をすぐに体得することができた。こうした教材を積極的に学習活動に取り入れて活用し、インクルーシブな学びをより深めていきたい。

3　インクルーシブな授業づくりに向けて

（1）ユニバーサルデザインは誰のためのものか

　授業において、ユニバーサルデザインは誰のためのものなのか。この問に対して、それは学ぶ生徒のためであるということは言うまでもない。しかし、私はここに教師も含めて考えるべきだと感じている。その理由について自身の授業から振り返りたい。

　例えば、私は授業の余談が超過してしまうことが多い。結果として授

業終盤に駆け足で学習を終わらせるという始末になる。これでは、学び
やすい学習環境とは言い難い。やはり、毎授業が構造化（時間配分や学
習量など）されていて、オンタイムで授業が展開できることが望ましい。
だからこそ、生徒だけでなく自分自身にも授業の見通しが持てるように
するために時間配分を予め書き加えている。タイマーを活用するのも、
生徒に時間意識を持たせるだけでなく、私自身も時間管理がしやすいか
らである。

マグネットバーの活用においても同様のことが言える。私はまっすぐ
線を引くことが不得手である。マグネットバーを定規として活用するこ
とで生徒にとっても自身にとってもお互いが Win-Win の関係になる。
また、黒板を分割しておくことで字の大きさや配分などを予め意識して
板書することができる。結果として、視覚的に配慮した板書を生徒に提
供できることにつながる。

（2）高校で実践していく上でのポイント

合理的配慮やユニバーサルデザインなど、これまでの高校教育に馴染
みがないものを実践しようとすると、少なからず誰しもが抵抗感を感じ
てしまうものである。特別支援教育をはじめ他校種での実践を高校教育
で応用していくポイントを三つ挙げる。

一つ目は、3-（1）で述べたように、「いかに自分が助けられ、良い意
味で楽をできるか」という視点を持つことが重要ではないかと考えてい
る。授業改善を図るきっかけとして、この視点から支援の糸口を探って
いくと、その方策はきっと特別支援教育に基づく授業づくりにつながっ
ているはずである。

二つ目のポイントは、分かりやすい授業づくりの基礎はすべての校種
において共通しているということである。文字を大きくはっきり書く、
授業の見通しを持たせる、簡潔に指示を出すといった支援は、どの校種
でもいつの時代にも絶えず求められる。2-（1）〜（5）で紹介した実践

例も特別な支援ではなく、すでに小中学校などで行われているものである。支援を考えるに当たり、小学校教員向けの指導書[5]を大いに参考にした。校種ごとで支援の内容を線引きするのではなく、その支援をいかに吸収して応用することができるのかという点に焦点を当てるべきである。

　三つ目は授業者が無意識に行っている実践に気付きを与え合うことである。他者の授業を参観していて、特別支援教育の視点に基づいた素晴らしい取組を目にする機会が多い。その際、「○○の取組は△△の支援につながっていた」という視点で互いの授業を評価し、意識させることが大切である。指導案にもこの点を評価規準として盛り込むことが望ましい。また、管理職の協力や特別支援学校のセンター的機能を活用して、特別支援教育の視点から授業を観察していただくことも必要であろう。こうした取組が特別支援教育に基づいた学校スタンダードとしての授業改善につながると考えている。

（3）支援教育の必要性

　神奈川県では支援教育[6]を推進している。私はこの考え方が大好きである。支援教育とは、「障害の有無に関わらず、様々な課題を抱えた子供たち一人一人のニーズに適切に対応する」ことを言う。

　3-（2）で述べたように、支援内容を校種ごとで線引きするのではなく、適切な支援をアレンジしながら対応していかなければならない。また、支援を必要とすることは学ぶ生徒たちにとって誰もが必要で、それは特別なことではないという考え方を持つことも大切である。前任の特別支援学校から現在の高校に着任して以来、支援教育の必要性を強く感じている。合理的配慮を提供する際も、種々の困難を取り除くための「特別な支援」ではなく、学びのスタートラインを揃えるための「必要な支援」として捉えるべきであろう。だからこそ、支援教育の考え方が大切になってくると筆者は考えている。

第9章　実　践　編
●事例3　理科の指導と合理的配慮

　最後に、私の大学院時代の恩師の言葉を紹介して、本稿のまとめとしたい。

　「あなたは、高校と特別支援学校を結ぶ架け橋になりなさい」

　共生社会の形成に向けて、高校においてもインクルーシブ教育の実践とその成果が少しずつ蓄積されてきている。しかし、まだまだ道半ばである。今後、高校と特別支援学校を円滑につなぐコーディネーターとなるような人材が求められることが予想される。また、障害の有無に関わらず、支援を必要とすることは特別なことではないという支援教育の視点を持つことも一層求められる。これらを上手くつなぎ合わせることこそ、高校における最重要課題であると考えている。ならば、私は両者をつなぐ架け橋でありたい。恩師の言葉を改めて胸に深く刻み、これからも分かりやすい授業づくりの実践に努めていく覚悟である。

【注】
1）涌井恵編著（2014）『学び方を学ぶ』ジアース教育新社
2）「テロメアの帽子」Apple Store よりダウンロード
3）本川達雄著（2002）『歌う生物学 必修編』阪急コミュニケーションズ
4）『改訂 生物基礎　付録教材（DNA 模型のつくり方）』東京書籍
5）片山育男編集（2012）『向山型スキル・特別支援の授業パーツ 100 選』明治図書出版
6）「これからの支援教育の在り方（報告）」H14 年3月、神奈川県教育委員会

● 事例4 ●

社会の指導と合理的配慮
市民的資質の育成を目指す社会科における合理的配慮

佐賀県小城市立芦刈観瀾校 教諭 **真子靖弘**

1 社会科における合理的配慮

（1）社会科という教科の意義、価値、ねらい

　社会科の目標は民主主義社会の形成者である市民を育成することである。市民に求められる力とは、社会の在り方に関心を持ち、議論を通してよりよい社会の仕組みを築いていこうとする力（以下、市民的資質と呼ぶ）である。民主主義社会においては、問題が解決された状態という結果そのものよりも、多様な価値観を保障しつつ、どのようにして解決するのかという過程が重要視される。

　したがって、筆者は各単元において、正解が一つではない現実社会の論争問題や歴史的な論争問題を「単元の問い」として設定する。そして、生徒が習得した知識・技能を他者と共有しながら議論することを通し、問いに対する解決策（答え）を導き出していく単元づくりを行っている。

　このような授業構成により育成される市民的資質は、次期学習指導要領が重視している「育成すべき資質・能力」と一致している。平成27（2015）年8月、中央教育審議会教育課程部会教育課程企画特別部会が示した「論点整理」には、学習する子供の視点に立ち、育成すべき資質・能力を以下のような三つの柱で整理している。

　ⅰ）「何を知っているか、何ができるか（個別の知識・技能）」

ⅱ）「知っていること・できることをどう使うか（思考力・判断力・表現力等）」

ⅲ）「どのように社会・世界と関わり、よりよい人生を送るか（人間性や学びに向かう力等）」

（2）社会科指導における合理的配慮の捉え方

　合理的配慮とは、一般的には、それぞれの障害特性や困りごとに合わせて行われる配慮のことと言われるが、難しく考える必要はない。社会科の指導における合理的配慮とは、市民的資質という目標に向かい、目の前にいる子供一人一人の特性を理解し、子供の反応の要因を考え、そのことを授業展開や教材に反映させた指導を行うことにほかならない。通常の学級は発達障害などの障害のある生徒を含め多様な生徒から構成されているという前提に立ち、それら多様な生徒を包み込むような授業、つまり、誰もが学びやすい・分かりやすい授業をデザインしていくことが、指導における合理的配慮と考える。

（3）社会科を通して行う合理的配慮とは

　世界はすごい速さでグローバル化、情報化が進展している。このような変化の激しい時代を生き抜いていくためには、正解の定まっていない課題に答えを自ら作り出していく力が求められる。この力を育成するためには、正解が一つではなく、複数の視点から考察するような問いを考えていく授業を創造していかなければならない。なぜならば、そのような授業では、子供たち一人一人が自分の考えを持ち、仲間と協働して答えを創造する経験を重ねていくことが求められるからである。その経験は単に答えを覚えるのではなく、意味や理由を考え吟味する機会になる。意味付けられた知識は長期に記憶されるだけでなく、使える知識（生きた知識）となり、それは社会を切り開いていく力になるのである。さらに、どのような答えや解決策がよいのかを話し合う経験は、他者の大切

さを知り、多様性の大事さを感じることを通じて、豊かな人間性を形成することにもつながるであろう。

　問いを中心に据えた授業づくりをする際、深い教材研究を行った上で、目の前の子供一人一人の特性が違うことを前提とした授業展開や教材開発、教材提示などを心がける。要は、「教材に対する深い理解」と「子供に対する深い理解」の両方がなければ、市民的資質を育成することは難しいのである。授業中の子供が取る行動（反応）をありのまま理解し、その行動に至った個人特性や背景、影響を及ぼした環境要因等について、冷静に分析し、対処していくことが重要なのである。

2　中学校通常学級における実践でのポイント
　　　── 社会科の視点から ──

（1）教科担任、学級担任と連携して行う子供理解と対応

　中学校の場合、小規模校を除くと、複数の社会科担当者が複数の学級の授業を行うことになる。また、担任として指導する以外の学級にも社会科の授業を行うこともある。さらに、1学級の子供に対し、社会科以外の複数の教科担当者が指導に当たることもある。これらは当たり前のこととして、単純に流されてしまいがちである。しかし、実はこれらの点は「中学校の強み」なのである。つまり、強みとは、1人の子供を複数の教員が連携して見ていくことで、広く多面的に子供を捉えることができ、様々な対応をとることができるという点である。

　連携を進める際に大事にしたいことは二つある。一つは、社会科担当者同士、あるいは他教科の担当者と授業について語り、互いの授業を公開し、子供の目線で教材を含めた授業全体について議論することである。子供は、一人一人学び方に違いがある。聞いて覚えるのが得意な子供もいれば、見て覚えるのが得意な子供もいる。この点をどのように実践に反映させているかについて、授業レベルで議論するのである。

第9章 実践編
●事例4 社会の指導と合理的配慮

　もう一つは、学級担任と指導学級の子供について情報交換をすることである。学級全体の傾向や特に学級担任として配慮している点、子供の特性などについて、社会科の授業だけでは気付かない、分からないこと、あるいは、逆に社会科指導を通して気付いたこと、配慮していることなどを学級担任と語るのである。

　このような社会科担当者同士や各教科担当者、学級担任との連携を図っていくことが、子供一人一人の特性に目を向けることになり、深い子供理解に基づいた社会科の本質に迫る授業づくりにつながっていくのである。このことについて筆者の実践をもとにポイントをまとめると次のようになる。

表1　社会科を含む授業担当者同士の連携（よりよい授業づくりのためのポイント）

目標・ねらい
・本時の学習目標（ねらい）が分かりやすく示されているか。
・生徒に1時間に行う学習の見通しを持たせているか。

授業の構成
・導入・展開・まとめの流れがきちんとつくられているか。
・複数の学習方法（読む・書く・聞く・話す・見る）を取り入れ、学習に変化をもたせているか。
・タイマーなどを用い、時間の区切りを明確にしているか。

学習のルール
・授業の開始・終了時刻を守り、生徒にもきちんと意識付けているか。
・話の聞き方や発言の仕方について、ルールを指導しているか。
・話合いの仕方を指導しているか。

指示の出し方
・適切な声量で、間をとり、ゆっくり話しているか。
・言語だけでなく、視覚的に板書とセットで行っているか。
・生徒の反応を見ながら、具体的な短い言葉で簡潔に指示しているか。

教材・教具
・教材研究を十分にしているか。
・電子黒板やタブレットなどのICTを積極的に活用しているか。
・生徒が迷うことなく記入できるワークシートを作成しているか。

板書の工夫
・板書の文字の大きさや文字量を工夫しているか。
・授業の流れが分かる板書になっているか。
・大切な箇所を四角で囲んだり、チョークの色を変えたりしているか。

ノート指導
・ノートのとり方について指導しているか。
・書くタイミングを示し、時間を十分に確保しているか。

学習評価
・授業中、積極的に生徒の良いところを見つけて褒めているか。
・机間指導を行い、一人一人にていねいに助言したり認めたりしているか。

学習形態
・1時間の授業中に、一斉授業だけでなく学習形態をいろいろと工夫しているか。

テスト配慮
・解答する時間を十分に確保しているか。
・解答しやすい工夫（文字の大きさ、解答欄の分かりやすさ、ルビ等）しているか。

教師の姿勢
・生徒の話にじっくり耳を傾け、話しやすい雰囲気をつくっているか。
・教師が適切な見本（モデル）を示しているか。
・信頼関係が築けるよう、生徒と誠実に向き合うようにしているか。

（国立特別支援教育総合研究所『小中学校等における発達障害のある子どもへの教科教育等の支援に関する研究』p43「授業の自己チェック票」2010.3.を参考に作成）

表2　学級担任との連携（子供の実態把握のポイント）

学級担任からの情報提供
・QUアンケートをはじめ、各種検査結果に基づいた子供の実態（客観的データに基づく実態把握）
・子供自身の記述に基づく子供の実態（子供自身の自己分析に基づく実態把握）
・学級担任としての気付き、配慮している点、学級全体の認知特性の傾向（学級担任の目からの実態把握）

社会科担当者からの情報提供
・客観テストの結果・分析に基づいた子供の実態（客観的データに基づく実態把握）
・パフォーマンス課題に対する子供の作品や授業に対する自己評価に基づく子供の実態（子供自身の自己分析に基づく実態把握）
・教科担当者としての気付き、配慮している点（子供たちの応答や表情などの観察からの実態把握）

※パフォーマンス課題とは、学習者のパフォーマンスの能力を、完成作品及び口頭発表や実技の実演によって、評価しようとデザインされた課題のこと。レポートや小論文、絵画などの完成作品のパフォーマンス課題と、口頭発表やロールプレイ、実験器具の操作など、その場で発表させるパフォーマンス課題の二つのタイプがある。

（2）社会科授業実践の実際

「1　社会科における合理的配慮」の「（1）社会科という教科の意義、

第9章　実　践　編
●事例4　社会の指導と合理的配慮

価値、ねらい」で触れた次期学習指導要領が重視している育成すべき資質・能力を育成するためには、構成主義的な学習観に立った授業づくりを行うことが必要である。構成主義的な学習観とは「知識は受動的に伝達されるのではなくて、主体によって構成される」と考える立場である。すなわち、「知」とは個人の頭の中に貯め込むことではなくて、自分のまわりにある人やモノと「対話」「共同（collaborate）」しつつ、構築していくものであるとする見解である。

　この学習観に立つと、正誤法や多肢選択法、単純再生法、完成法などで構成される客観テストが解けることと、そのものごとを理解していることがイコールとはならない。実際の文脈や状況の中で、知識が有用に活用されてこそ、理解していることになるのである。したがって、社会的、歴史的な状況や文脈に沿った問いを中心に据えた授業づくりが大切になってくるのである。この問いを探究することを中心に据えつつ、子供理解に基づいた社会科授業実践の具体例を以下に示す。

① 　問いの開発

　実践した問いの例を一部紹介すると次のようになる。

地理的分野
（１）世界の様々な地域
　・「あらゆるスポーツでヒジャブ着用を認めるべきか」
　・「アジア州の中で、日本が最も重視していくべき州はどこか」
　・「アメリカ合衆国は世界のリーダーとしてふさわしい国なのか」
　・「EU は、ノーベル平和賞に値するのか」
　・「アマゾンの熱帯林伐採は許されることなのか」
（２）日本の様々な地域
　・「北方領土問題をどのように解決するべきか」
　・「政府は少子化対策として何をするべきか」
　・「国内で一番自然災害が受けにくい場所はどこか」
　・「日本は食糧自給率を高めるべきか」
　・「交通網の発達は地域を豊かにするのか」

・「産業が発達する必要条件とは何か」

歴史的分野

（1）古代までの日本
　・「卑弥呼は魏からもらった100枚の銅鏡を何に使ったのか」
　・「聖徳太子の理想が実現したのはいつか」

（2）中世の日本
　・「中世で最も優れた武将は誰か」

（3）近世の日本
　・「鎖国をしなければ徳川政権は崩壊していたのか」
　・「田沼意次は優れた改革者なのか」

（4）近代の日本と世界
　・「井伊直弼の判断は仕方なかったのか」
　・「明治政府は小国主義の道を選択できなかったのか」
　・「当時の状況の中では『普通選挙法』は妥当なものであったか」
　・「アメリカが日本に原爆を投下したのは正当なことだったのか」

（5）現代の日本と世界
　・「日本の集団的自衛権を認めた憲法解釈は許されることなのか」

公民的分野

（1）私たちと現代社会
　・「諫早湾干拓問題に、みんなが納得できる解決策はあるのか」
　・「民法第750条は、違憲なのか」

（2）私たちと経済
　・「こんにゃくゼリー死亡事件の責任はだれにあるのか」
　・「企業のリストラ策は許されることなのか」
　・「財政破綻を避けるために何をするべきか」

（3）私たちと政治
　・「日本国憲法第96条を改正するべきか」
　・「改憲し、日本は首相任期制を導入するべきか」
　・「日本は死刑を廃止し絶対的終身刑にするべきか」

（4）私たちと国際社会の諸課題
　・「日本は『武器輸出三原則』緩和を撤回すべきか」
　・「今後、日本は温室効果ガス削減に向けて何をするべきか」

第9章 実践編
●事例4 社会の指導と合理的配慮

② 時間の構造化

見通しを持たせる

ホワイトボードに1時間の授業で行う予定を提示し、見通しを持たせる。

現時点の学習を矢印で示し、確認しながら進める。

今日のプチ討論会が楽しみ！

③ ワークシートの構造化

構造化されたワークシート

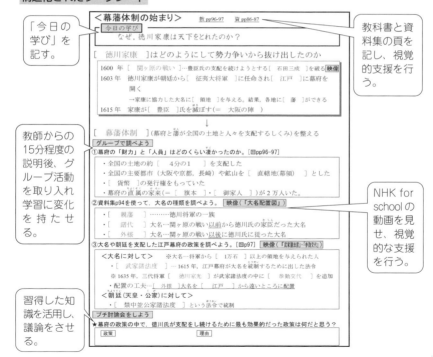

「今日の学び」を記す。

教科書と資料集の頁を記し、視覚的支援を行う。

教師からの15分程度の説明後、グループ活動を取り入れ学習に変化を持たせる。

NHK for school の動画を見せ、視覚的な支援を行う。

習得した知識を活用し、議論をさせる。

133

④ 学習内容の構造化

今日の学び（めあて）をシンプルに示す　板書のパターン化

- 毎時間、問いを提示する。
- 「今日の学び」を黄色でシンプルに提示し、1時間のゴールを示す。
- ポイントが分かるように重要用語は黄色で、最重要語句は黄色を赤色で囲む。

覚えるポイントが分かりやすい！

⑤ 情報伝達の工夫

視覚化

電子黒板にグラフを拡大し、注目させて説明を行う（言語だけでなく、視覚とセット）。

生徒にタブレットPCを操作させ、生徒の立論を電子黒板に提示させる（言語だけでなく、視覚とセット）。

頭に入りやすい！

全員参加の工夫

「名前カード」を使い、すべての生徒に自分の考えを黒板に意思表示させる。

134

第9章 実践編
●事例4 社会の指導と合理的配慮

学習に変化を持たせる

討論会やグループ活動など、授業のテンポに変化を持たせることで、子供の集中力を高める。

先生の話を聞くばかりじゃなくて集中力が高まる！

机間指導の工夫

1時間の中に「自力解決」や「グループ活動」の時間を設けることで、配慮を要する子の机間指導を意図的に行う。

気兼ねなく先生に質問できる！

⑥ **テスト問題作成上の配慮**

> 4 下線部dについて、次の各問いに答えよ。
> (1) [資料7]は、新しい人権の中のどの権利と関係が深いか、答えよ。〈2点〉
> (2) [資料7]は、1997年、臓器移植法が施行されたことで普及してきた。2010年、臓器移植法が改正・施行されが、臓器提供ができる条件として次のようなケースがある。
> 　書面（ドナーカード）による意思表示をしている人で、かつ、家族の承諾がある場合
>
> [資料7]

□ 設問の隣に資料を配置する。
□ 難しい漢字にルビをふる。

何を聞かれているのか分かりやすい！

135

3 今後の充実に向けて

　今後の充実に向けて、大きく2点挙げておきたい。

　1点目は、社会科という教科固有の課題である。社会科の目標は民主主義社会の形成者である市民を育成することである。この目標を達成することを前提に、どのような問いをもとに子供の実態に配慮しながら授業づくりを行っていくかということである。これは、永遠のテーマとも言える。

　2点目は、社会科で実践している合理的配慮を、教科の違いという壁を越えて、どのように共通理解、共通実践に移していくかということである。カリキュラム・マネジメントの課題である。教科の違いが、授業スタイルの違いや教師間の考えの対立などにつながっている部分は否定できない。次期学習指導要領では、「教育課程全体を通した取組を通じて、教科横断的な視点から教育活動の改善を行っていくことや、学校全体としての取組を通じて、教科等や学年を越えた組織運営の改善を行っていくこと」が求められている。教科横断的な視点から、各学校が編成する教育課程に合理的配慮をどう位置付けていくかが鍵となると考える。

　最後に、社会科という一教科でできることは限られている。しかし、社会科担当者から子供を理解する視点や子供理解に基づく授業づくりを提案していくことで、学校を変えることにつながることを期待したい。そのために学級のすべての子供が、「今日の社会は何を学ぶのかな？楽しみ！」「社会の授業なら毎日あってもいいのに！」と思うような授業づくりを今後も目指していきたい。

【参考文献】
文部科学省「教育課程企画特別部会　論点整理」2015
田中耕治編（2010）『よくわかる教育評価』ミネルヴァ書房
国立特別支援教育総合研究所（2010）『小中学校等における発達障害のある子どもへの教科教育等の支援に関する研究』

●事例5 ●

英語・英語活動の指導と合理的配慮
英語教育改革と合理的配慮

摂南大学教職支援センター 准教授 **林 茂樹**

　筆者に求められているのは、英語及び英語活動[1]の授業場面での、す
べての子供を視野に入れ、個々の子供に対する合理的配慮の観点を踏ま
えた、学習指導・支援について報告することである。

　すでに学校現場を離れており、直近の状況には疎くなっているにもか
かわらず、執筆を引き受けたのは次の二つの理由による。まず、現在の
初等中等英語教育が進んでいる方向は子供にとっても、教員にとっても
歓迎すべきものではない。この間の英語教育改革があまりにも急ピッチ
であったため、英語科教員と他教科教員や教育関係者との間の現状認識
の差が広がってしまっている。英語教育改革がインクルーシブ教育の推
進にどのような影響を与えるかについて論議するためには最低限の認識
の共有が必要であると常々感じていたことがある。さらには、インク
ルーシブ教育は確かに新たな課題であるが、従来から学校現場で行われ
てきた教育実践とかけ離れた実践課題という訳ではない。多様な背景や
事情に起因する様々な教育課題を抱えた子供たちに対する支援実践の経
験と、一人一人の教育的ニーズに応じた適切な指導及び必要な支援を行
う特別支援教育の実践で培われた経験の、それぞれの延長線が交差する
地点に実現されるものと考えていることである。

　以下では、この間の英語教育改革についての整理を行い、短期間で数
値目標を達成することを至上命題とする英語教育改革施策はインクルー
シブ教育の理念や方向性にそぐわないことを述べた後、授業づくりや集
団づくりのユニバーサルスタイルの重要性、英語の多彩な授業スタイル

は合理的配慮に馴染むこと、4技能をバランスよく育成するために必要なことについて言及する。

1 小中学校における英語教育の急激な変化

（1）小学校英語　英語活動の中学年への移行と高学年での教科化

　平成32（2020）年度からの新学習指導要領では、英語活動が中学年に移行し、高学年で教科としての外国語が新設されることになった。

　英語活動は、これまでの音声やリズムに慣れ親しむ活動から、聞くこと、話すこと［やり取り］、話すこと［発表］の3領域の言語活動を通して、音声、語彙、表現等の知識を実際のコミュニケーションで活用するための学習へと重点が移されている。

　教科「英語」は、上記3領域に、読むこと、書くことを加えた5領域の資質・能力を一体的に育成することが目標とされている。語彙数は600〜700語程度で、連語や慣用表現、文、文構造及び文法事項の基本的なものは、中学校から小学校に移行する。ちなみに、現行の中学校学習指導要領では語彙数は1200語程度であり、一つ前の学習指導要領では900語程度であった。

　配当される授業時数は、英語活動が週1時間、教科「英語」が週2時間である。他の教科等の時間数が削減されないなかで、中・高学年ともに1時間増となる。現在の小学校4年生以上の標準的な週授業時数は28で、これが限度だと言われている。不足分については、土曜や長期休業中の授業日設定、1日15分程度のモジュール授業の設定、その二つの組み合わせのいずれかで対応できると文部科学省は説明している。

　授業は、高学年でも学級担任が主として担当することになるが、小学校教員のうち中学校英語免許の所持者はわずか5％に過ぎない。これについても、ALTとのT.T.、英語専科教員や英語教育推進リーダーとの

第9章 実 践 編
●事例5 英語・英語活動の指導と合理的配慮

連携、外部人材の活用、研修の充実や現職教員の中学校英語免許取得の促進等で対応するとしている。

英語活動は、平成14（2002）年に、歌やゲームを通じて英語に親しんだり、近隣在住の外国人を招いて交流したりする国際理解教育として始まった。15年を経て、高学年では英語によるコミュニケーションの基礎的な技能を身に付けることを目標とする教科に変貌することになったが、授業時間や指導体制という基本的な問題すら解決し得ていない。

（2）中3全国学力テスト　新たに英語の実施が決まる

平成31（2019）年度の全国学力・学習状況調査から、理科と同様、3年に1度、中学3年生を対象に、4技能についての英語のテストが悉皆で実施されることが決まった。聞くこと、読むことはマークシート式、書くことは記述式のため他教科と同一日程で、話すことについてはタブレット等を使用するため別日程で実施されるという。

文部科学省は、英語の全国学力テストを実施する理由について、中学校卒業段階で実用英語技能検定（以下、英検と言う）3級程度以上のレベルに達する生徒の割合を17年度までに50％以上に高めるという目標の達成が難しく、中学校における英語教育改善のためのPDCAサイクルを構築する必要が生じたとしている。

平成28（2016）年の英語教育実施状況調査では、中学校卒業段階で英検3級程度以上の生徒の割合は約36.1％で、前年度より0.5ポイント減少した。平成28（2016）年に実施した英語教育改善のための英語力調査で、英検3級程度以上に相当するCEFR（ヨーロッパ言語共通参照枠）[2] A1上位レベル以上に達した割合が50％を超えたのは、4技能のうち、「書く」（50.8％）だけで、それ以外は24.8〜31.2％であった。また、英語学習に関する意識調査では、「英語が好きではない」という割合が45.4％と、前年度より2.2％増加した。

文部科学省は、平成26（2014）年度から学校現場の指導体制を強化

するために、英語教育推進リーダーの養成、小学校学級担任、中高英語科教員の指導力向上等の小中高を通じた英語教育強化事業に取り組んできたにもかかわらず、依然として十分な改善が見られないと言う。最初から達成が難しいと言われていた数値目標の未達成を理由に、十分な検証もないまま、悉皆の学力テストを実施することは、自治体や学校間の競争を一層激化させ、結果の公表や入試への活用をめぐる論議を再燃させる懸念が大きい。

---

② 国家戦略が英語教育改革の目的なのか

（1）検定・資格試験での級やスコアの取得が達成目標に

　平成27（2015）年に公表された文部科学省の「生徒の英語力向上推進プラン（GOAL2020）」は、平成32（2020）年を目標の達成期限として、「明確な達成目標を設定」し、その「達成状況を毎年公表して、計画的に改善を推進する」ことを謳っている。達成目標は外部の英語検定・資格試験の級・スコア等で示されている。高校は英検2級〜準1級、TOEFL iBT57以上に相当するCEFRB1〜B2、中学校は英検3級〜準2級程度に相当するCEFRA1〜A2である。前述したように、平成29（2017）年度中に、中学卒業段階に英検3級程度以上50％、高校卒業段階に英検準2級〜2級程度以上50％を達成することが当面の目標とされているのである。

　目標が英語検定の級や資格試験のスコアで示されているのは教員も同様である。第2期教育振興基本計画は、英語教員に求められる英語力の目標を、「英検準1級程度又はTOEFL iBT80点程度以上」と掲げた。毎年、CEFR B2レベル（英検準1級等）以上を取得した教員の割合が都道府県別に公表されることから、未取得者に検定・資格試験の受験を促す動きが強まっているとも言われている。

第9章　実　践　編
●事例5　英語・英語活動の指導と合理的配慮

　教員採用試験では、基準以上の級やスコアを所持する受験者に対し、一定点数の加点や英語の教科試験・実技等の免除を行う動きも広がっている。文部科学省は現在、教員養成の水準を確保するために、共通に身に付けるべき最低限の学修内容を定める必要があるとして、教職課程コアカリキュラムの作成を急いでいる。教科に関する科目の中で唯一、外国語（英語）のコアカリキュラム（案）が提示されていて、その中でも、小学校はCEFRB1、中学・高校はB2と示され、将来的には受験の基礎資格となるかもしれない。また、教員採用の筆記試験を全国共通問題とする動きもあり、大学における教員養成や開放制という教員養成の原則を揺るがす問題に発展する可能性さえある。

（2）グローバル化に対応した英語教育改革

　述べてきた種々の英語教育改革施策は、教育再生実行会議第3次提言（平成25〔2013〕年5月）、それを受けた文科省「グローバル化に対応した英語教育改革実施計画」（同年12月）、さらに、それを施策化した第2期教育基本計画（平成26〔2014〕年6月）等に基づいた一連の流れとしてある。「初等中等教育段階からグローバル化に対応した教育環境づくり」を進め、「グローバル人材育成に向けた取組の強化」をする等のフレーズに端的に表されているように、政府は国家戦略として英語教育改革を捉えていることが分かる。

　こうした点について、江利川（2014、p.10）は、「近年の英語教育が混乱する原因は、政策決定に当たって英語教育の専門家や教員の意見をほとんど聞かずに、財界人や専門外の有識者が基本的な方向を決めてしまい、しかも重要方針をいつ誰が決定したのか明らかにしない」と、政策決定のプロセスを批判している。その上で、卒業段階で到達目標として明示した英検の語彙水準と学習指導要領が定める語彙水準がかけ離れていることを示して、「日本の学校教育がめざす目標は、……『卓越した能力』を有するスーパー・エリートを育成することだけなのか」と嘆

141

いている。

　本稿は、英語教育改革施策について分析することが目的ではないので、これ以上政策論に立ち入ることはしない。「数値目標による教育の管理」には、「子どもの学びの内発的動機づけが枯渇する」「大人は目標達成競争に子どもを巻き込んでしまう」という二つの問題点があるという柳瀬（2015、pp.23-24）の指摘を真摯に受けとめておきたいと思う。

　数値目標の達成を至上命題とし、子供たちを競わせ合い、英語を駆使して活躍する一部のエリートと挫折感・疎外感を抱いた大多数の英語嫌いを生み出すような教育は、「障害のある子供と障害のない子供が共に学び共に育つ理念を共有」し、「一人一人の状態を把握し、一人一人の能力の最大限の伸長を図る」ことを目指すインクルーシブ教育と決して交わることはないであろう。

3　英語の授業における合理的配慮について考える

（1）合理的配慮と個別の支援、基礎的環境整備とユニバーサルデザイン

　国際法である障害者の権利に関する条約を実効あるものとするため、障害者差別解消法等の国内法が整備され、合理的配慮というキーワードに注目が集まるようになった。合理的配慮とは、障害のある人が障害のない人と同じように社会の中で生活していく上で障壁となっているものを除去することである。その観点からすれば、英語教育の到達目標を設定するならば、障害のある人がそれを達成するための、個々のニーズに応じた合理的配慮の方法や内容を具体的に検討・実施していくことが不可欠である。そうでなければ、到達目標自体が社会的障壁となりかねないからである。

　教育における合理的配慮については、特別支援教育で理念、原則とし

第9章 実 践 編
●事例5 英語・英語活動の指導と合理的配慮

てきた「一人一人の教育的ニーズの把握」「適切な指導及び支援」「個別の支援計画策定」への「保護者の参画」と重なる部分、重ならない部分があるが、合理的配慮はインクルーシブな社会を実現するための社会的障壁の除去に目的があり、その提供に当たっては、「意思の表明」「個別性」「合意形成」という手続き上の三つの原則を守ることが必要であり、より当事者主体の視点が強まったと考えている。

　基礎的環境整備は、行政が担う教育環境の整備、つまり施設・設備、人員等の整備のことと限定的に解釈する傾向があるが、合理的配慮の基礎となりうるためには、ユニバーサルデザインによる学級・学校づくりとして幅広い視点で捉えることが肝要である。

　特別支援教育、人権教育をはじめ多くの視点と課題を統合した教育研究に取り組んできた高槻市立五領小学校（2011、pp.10-13）は、ユニバーサルデザインの学級・授業づくりのポイントとして、(1)教室環境と学習環境の整備、(2)見通しの持てる授業、(3)学習と行動のルールの明示、(4)個の違いに対応できる授業づくりと学級集団づくりの四つを挙げていることを紹介しておく。

（2）英語の授業スタイルは合理的配慮の基盤たりうる

　英語教育では、以前から授業に様々なアクティビティを取り入れてきた。教科書以外の教材として、歌やゲーム、クイズ、パズルなどを授業の始めのウォーム・アップや途中のブレイクタイム等を利用して行う。小学校の英語活動も、これまではこのスタイルを踏襲してきたと思う。

　また、ピクチャー・カードやフラッシュ・カードを使って、絵と単語、単語と意味を結び付ける活動をする。カードを使ってゲームを行うことや個人ワークを行うこともできる。この種の教材は、現在ではデジタル教科書の教材に取り込まれてバリエーションがさらに広がり、紙から映像へと姿を変えてきている。

　UDL ガイドライン（2011）によると、学びのユニバーサルデザイン

143

には次の原則がある。「提示のための多様な方法の提供」「行動と表出のための多様な方法の提供」「取組のための多様な方法の提供」の三つである。学習者が主体的に学べるように多くのオプションを提供し、支援は調節可能なものにしておくことが重要であるということである。

　中学校でも高校でも、英語と他の教科の授業スタイルに違いが際だつようになった理由は、欧米の授業手法や外国人教師からの影響もあるであろうし、隣接領域である開発教育などが参加型の手法を用いることの影響があったのかもしれない。参加型の学習方法は、「参加」が目標でも、方法でもあり、学習の結果より学習の過程を重視する学習方法である。

　多彩なアクティビティやタスクによって構成された授業、カードやICT機器などの「小道具」を活用する授業、そして、参加型の手法を取り入れた授業、これらの英語科の授業がこれまでに形成してきた経験は、多様な子供に対して合理的配慮を提供する授業を展望していく上での貴重な基盤となりうると考えている。

④　読むこと、書くことの指導

　初学者の英語学習に効果的であるとされるフォニックスが注目されている。フォニックスは発音と綴り字の間の規則性を理解することで、読み方、書き方の学習を進める方法である。英語は日本語とは違い、音節と文字が一致していないので、文字と音がなかなか一致させられない生徒がいる。そのような生徒は、周りの生徒がスラスラ読んでいるのを見ると、途端に英語学習が嫌になるが、フォニックスで単語や文を音読できるようになることは学習への動機付けとなる。英語が得意な生徒にとっても、音の足し算、引き算を理解することはおもしろいらしく、学習を促進させる。

　ただ、フォニックスのルールを全部提示しようとすれば、説明の時間が長くなり、受け身的な学習になってしまう。ルールを覚えきれず、飽

きる生徒が増えるので、優先順位の高いものから取り上げるべきである。

　フォニックスが万能な学習の手段であるわけではない。単語や文を音読できるようになる、発音を聞いて書き取りができるようになるためという目的を見失わないことが肝要である。

　書くことは4技能の中でも最もハードルが高い。日本語と英語の構造上の違いを理解した上で、自分が伝えたいことを、英語を使って適切に表現することは確かに容易いことではない。そのレベルに達するには、英語の言語力を、時間をかけて高める必要がある。その第1歩は習った単語が読め、習っていない単語も読みを推測できるようになることであり、そこから、音読しながら書き写し、書きながら文意を取るという作業を積み重ねていく段階を踏んでいくしかないのである。

　英語力調査では、中学3年生の半数近くが英語の学習が好きではないと答えたという。発話が苦手、音読が苦手、ディクテーションが苦手、様々な困り感を生徒は抱えている。しかし、例えば、フォニックスという「合理的配慮」が与えられたことをきっかけに、英語学習のコンパスを見付けることができる生徒が出てくるのである。

⑤ 聞くこと、話すことの指導

　現在の中学校の教科書は、会話文が中心となっていて、読み物教材は少ない。どのような会話も特定の状況の下で行われるものであるが、英語の会話を聞いて、あるいは読んで、瞬時にその状況を理解できる生徒は多くはない。だからこそ、場面や状況、話者の心情や関係の推測等について生徒に発問したり、教師が説明したりしながら授業は進み、生徒は会話の流れや帰結についての理解を深めていく。

　柳瀬（2015、p.9）は、英単語・英文とその訳語・訳文を機械的に高速再生させるような授業を「トレーニング中心主義による情感の剥奪」と批判している。確かに、状況の把握や心情の理解抜きに、教科書の例

文を暗記し、語句を入れ替える練習だけの授業も存在する。そんなトレーニングの形式に表面的に適応する生徒と会話の背景などには無頓着な生徒以外はうんざりしてしまうことだろう。

　英語の授業では、集団で会話練習をさせることが多い。そのこともあってか、集団が苦手な生徒がいる場合は、小集団での学習を勧める人がいる。しかし、ペアやグループでのワークは単なる学習形態に過ぎず、その中でよりしんどい経験をする生徒も出てくる。ポイントは、コミュニケーションや学びの質を高める協同の学びを引き起こすことができるかどうかであり、個性を認め合い、助け合う相互互恵的な関係を育むことができるかどうかということにある。

　〈聞く、話す〉コミュニケーション能力は、単に人工的な会話練習をすることによってではなく、具体的な人間関係の中で、混乱や調和、不信や信頼、対立と合意など、様々なことを経験し、深い部分での相互理解を得ることにより、状況や心情の理解ができるように生徒自身が変わることを通じて育成されるものなのである。

【注】
1）　学習指導要領上は、あくまで教科「外国語」、外国語活動であるが、中学校での外国語科の履修は英語を原則とする、小学校での外国語活動で言語活動を行う際には英語を取り扱うと事実上限定されているため、以下では、「外国語科」を「教科『英語』」・「英語科」、「外国語活動」を「英語活動」と表記する。
2）　平成13（2001）年に、欧州評議会（Council of Europe）によって「ヨーロッパの言語教育の向上のために基盤を作ること」を目的に作られた外国語の熟達度の指標で、異なる試験のスコアを比較することができる。

【参考文献】
江利川春雄（2014）「学校の外国語教育は何をめざすべきなのか」『学校英語教育は何のため？』ひつじ書房
柳瀬陽介・小泉清裕（2015）『小学校からの英語教育をどうするか』岩波書店
花隈暁編著、高槻市立五領小学校著（2011）『（小学校）ユニバーサルデザインの授業づくり・学校づくり』明治図書出版
学びのユニバーサルデザイン（UDL）ガイドライン全文　Version 2.0、2011（http://www.udlcenter.org/sites/udlcenter.org/files/UDL_Guidelines_2%200_Japanese_final%20（1）.pdf）

第9章　実　践　編
●事例6　体育・保健体育の指導と合理的配慮

● 事例6 ●

体育・保健体育の指導と合理的配慮
特別支援学校の体育授業を例に

筑波大学附属大塚特別支援学校 教諭　**深津達也**

1　学校教育における保健体育の目標

　保健体育の目標について、特別支援学校学習指導要領（平成21年告示）では、「適切な運動の経験や健康・安全についての理解を通して、健康の保持増進と体力の向上を図るとともに、明るく豊かな生活を営む態度を育てる」（中学部）と定められている。概ね、①健康の増進と体力の向上、②人生を豊かに生きるためのスポーツ活動の充実が主なねらいと言ってよいだろう。

　特に②については、障害者の権利に関する条約（障害者権利条約）の第30条にも触れられているように、障害の有無にかかわらず、だれにでもスポーツを楽しむ権利が保障されている。

　私たちが、余暇活動や健康増進のためにスポーツと親しむことと同じように、障害者は様々なスポーツの経験を通して自分に合ったスポーツを選択し、自由に余暇活動を楽しむことができる。そのための基盤となる資質を学校において培うことが期待されている。

ある小学校の体育授業にて

　ある小学校で実施された、体育「ハードル走」の授業を見学に行ったときのことである。小学5年生の体育授業だったのだが、その中に1人、ADHDの診断を受けた児童Aさんがいるとのことであった。

　Aさんは、すぐに見つかった。授業開始前に、他の児童がおしゃべりをしながらハードルを設置している中で、1人だけ、ハードルを担ぎ上げ、全力で設置場所に向かって走る男の子がいたのである。彼がAさんだった。

　学年が上がるにつれて、クラスの友達とのコミュニケーションが少しずつ困難になってきたという。授業も分からないことが増え、やる気も失いかけているというAさん。どのような授業になるのだろうかと、ドキドキしながら授業を見学した。しかしながら、目の前で実施された授業は、私の予想とはまったく反するものであった。

　Aさんはなんと、チームのリーダーであった。誰よりも大きな声援で仲間をスタートラインに送り出し、ハードルを飛び越えられない仲間がいればその横で何度も跳ぶ真似をして跳び方を伝え、ゴールで仲間を迎えるために、急いでゴールラインに先回りするAさんの姿があった。

　ハードルの苦手な女の子が何とかゴールにたどり着き、Aさんに「ありがとう」とお礼を述べると、Aさんは「きっとできるようになるから！一緒に練習しよう！」と励ました。最後のタイムトライアルで見事にハードルをすべて跳び越えてゴールしたときの2人の姿は忘れられない。チームが、さらにはクラス全体が温かい雰囲気に包まれていったのであった。

　後で聞いた話では、この体育授業をきっかけに、Aさんは再び、クラスの友達と積極的に関わるようになっていったという。どうしてリーダーにしたのかと担当の先生に聞くと、「Aさんが望んだのです。リーダーをやりたいと私に伝えてきました。きっと、彼も、必死に自分を表現できる場所を探していたのだと思います」とのことであった。

② 体育授業における合理的配慮とは

　体育授業における合理的配慮とはいったいなんだろうか。勘違いされ

第9章 実 践 編
●事例6　体育・保健体育の指導と合理的配慮

がちな合理的配慮は、生徒のためという名目で、ありとあらゆるサポートを行うことである。生徒が必ず成功体験ができる環境をつくることは確かに大切であるが、そのような環境が生徒にとって本当の意味で魅力的な体育とは思えない。しかしながら、だからと言って、現状のスポーツをそのまま体験したのでは、スポーツの魅力を感じる前に失敗経験を積み重ねてしまうことが少なくない。特別支援学校学習指導要領（中学部、平成29年告示）の指導計画の作成と内容の取扱いの(2)には、ア．学校や地域の実態を考慮するとともに、個々の生徒の障害の状態等、運動の経験及び技能の程度などに応じた指導や生徒自らが運動の課題を目指す活動を行えるよう工夫すること。イ．運動を苦手と感じている生徒や、運動に意欲的に取り組まない生徒への指導を工夫すること、と記載されている。個々の生徒によって、運動技能や過去の運動経験、またそのスポーツ・運動への思いは様々である。これらを考慮した上で、この生徒にとっての「運動・スポーツの意味や価値」を、教師だけでなく生徒や保護者とともに考え、それの達成のために必要な配慮を行うことが体育における合理的配慮と言えよう。

　先のコラムでは、担当教師が最も配慮したことは、器具の工夫やルールの変更ではなく、Ａさんの「心」への配慮であった。体育授業においては、本当に必要な配慮を見抜く教師の「眼」と、生徒の困りごとや思いを共有し、共にチャレンジする教師の「心」と、それを達成へと導くための教師の「技」が求められるのである。

（1）教師の「眼」を磨こう

　特別支援学校に通う生徒の中には、自分自身のつまずきを言葉にして表現することを苦手とするものも多い。教師は、この生徒が、何につまずいているのかを見抜く「眼」が必要となる。つまずきの原因は多岐にわたる。例えば、用具の操作が難しくてうまくいかないこともあれば、ルールが複雑であるために思ったとおりに動けないこともある。また、

必要となる基礎的な動きを習得していないため、模範どおりに動くことができないこともある。まずは、それらをしっかりと観察して、つまずきの原因を探ることが大切である。もしこれを間違えてしまうと、生徒は上達しないだけでなく、スポーツに対して否定的な感情を抱くこともあり得る。

　教師の「眼」を磨くべきである。そのためには、生徒の動きをしっかりと見ることが大切である。そして、生徒の姿を多くの教師で共有し、生徒の今の姿を把握することに努めるのである。

（2）教師の「心」を磨こう

　運動・スポーツをする上で、生徒の「心」の動きはとても大切である。もし、過去に同じような運動で失敗をしてしまった経験があれば、生徒は緊張して必要以上に力を入れてしまっているかもしれない。また、失敗したときの恐怖心から、思い切って運動に取り組めないこともある。生徒の「心」の声を聴くように心がけることが大切である。生徒はどんな思いでスポーツに取り組んでいるのか、生徒は何を不安に思っているのか。それを教師が共に感じ、それに応じた授業を設計しよう。

　生徒の「心」の声は、簡単には聞こえてこない。生徒の姿から感じ取ったり、直接話をして本人に聞いてみたり、担任の先生や保護者からその子の過去について聞いてみたりすることで少しずつ明らかになっていくのである。また同時に、その子と良好な関係を築いておくことが大切である。子供がチャレンジをするときには、少なからず恐怖を感じる。教師がいることで安心して取り組めると思ってもらえるような関係を築いておくことが大切である。

（3）教師の「技」を磨こう

　「眼」と「心」で生徒のことを理解したら、いよいよ動きの獲得・上達のために必要な運動指導や個別の配慮を行う。教師は、子供の動きを

第9章 実 践 編
●事例6 体育・保健体育の指導と合理的配慮

導くための技（ひきだし）をたくさん持っておくことが、非常に重要である。過去の経験や新しい学び、他の教師から教えてもらったことなどを総動員させて授業を行う。経験豊富な教師は、生徒の動きを導くための配慮を即座にまた適切に行うことができるが、子供の実態は多様であるため効果が即座に表れないことも多い。そのときには、何が原因なのかを、複数の教師で話し合うことが効果的である。うまくいかなかったことは、次の授業のための糧となる。しっかりと反省をして次の授業につなげることが重要である。様々な工夫をこらし、目の前の生徒が運動に主体的に取り組むことができる授業を探し続けることが大切である。

体育授業における合理的配慮の例

（1）風船バレー

　バレーボールは、チームの仲間と協力してボールをつなぎ、ネットを挟んだ相手チームと勝敗を競うネット型のスポーツである。
　日本では、テレビで放映されることも多く、人気の高いスポーツである。しかしながら、通常のバレーボールやソフトバレーボールでは、ボールの扱いが難しいこと、滞空時間が短いため友達にパスをしたり相手に

> **バレーボールに対する子供たちの声**
> ・ボールが固いので、触るのが怖い。
> ・ボールを触りたくても、すぐに床に落ちてしまう。
> ・ボールの操作が難しくて、友達にパスをしたり、スパイクを打ったりするのが難しい。

> **ボールを風船に変えてみよう！！風船バレー**
> **子供たちの声**
> ・風船がやわらかいので、触るのが怖くない。
> ・滞空時間が長いので、ボールに追いついて触れるようになった。
> ・ゆっくりと考えて友達にパスができる。また、ボールがゆっくり落ちてくるので、思い切ってスパイクもできた。

151

返したりすることが難しいこと、また、ボールへの恐怖心や友達との連携の複雑さなどから参加するのが難しい生徒も多い。

●ワンポイントアドバイス

それでも風船に触れない生徒もいる。何で困っているのかをしっかりと分析し、必要な配慮を行おう。

「滞空時間が短くて触ることができない」

→風船の大きさを変えてみよう。風船の大きさを変えることで、滞空時間を変えることができる。小さめの30cmのサイズの他、90cmや120cmのジャンボ風船も市販されている。生徒の実態に応じて、教材を工夫してみよう。

「いろいろな場所から来るボールに対応できない」

→パスをくれる友達を限定してみよう。○○さんの次は○○さんにパスをする、などのルールを決めておけば、次にどうしようかという状況判断を簡易にすることができる。また、達成課題が明確なため、成功時には、生徒を大いにほめてあげることもできる。

「友達とぶつかるのが怖い」

→個別のエリアを設定してみよう。チームの仲間が目まぐるしく移動するバレーボールでは、友達との接触や、友達への遠慮のためにボールに触れないこともある。エリアを決めておくことで、自信を持ってボールに触りに行くことができる。

（2）風船バドミントン

同様に、バドミントンも、風船を使用することで非常にアクティブな試合が期待できる。バドミントンは、バレーボール同様に、日本でも人気の高いスポーツだが、動きの速いシャトルを正確に打ち返すためには非常に高い技術を要する。シャトルの代わりに風船を用いることで、滞空時間を長くすることが可能になり、容易に打ち返すことができる。

● ワンポイントアドバイス

それでも風船を打ち返すことができない生徒もいる。何で困っているのかをしっかりと分析し、必要な配慮を行おう。
「空中で動いている風船をラケットで打つことができない」
　→紐で風船をぶら下げることで、力いっぱい風船を打つことができる。地面に落ちることがないため、何度も練習ができる。まずは安心した環境でたくさん練習して自信をつけよう。
「相手が強くて、試合が続かない。試合を楽しむことができない」
　→相手に勝つためのゲームではなく、相手と何回ラリーができるかにチャレンジしてみよう。目標の回数を具体的に決めておくことで、目標をクリアしたときの達成感を味わうことができる。

（3）タグ柔道

柔道は、日本の国技でもあり、平成28（2016）年に実施されたリオ

オリンピック・パラリンピックでは多くのメダルを獲得した。日本人の関心も高い。しかしながら、投げ技や寝技を中心とする柔道は、生徒たちにとって、安全面の保障が難しいことや、動きやルールが複雑なため特別支援学校ではあまり実施されていない。

しかしながら、対人スポーツとして、相手の動きに合わせて動きを変えるおもしろさを体験できたり、対戦相手への敬意の気持ちを学んだりできるなど、学びの多いスポーツである。本校では、①生徒が分かりやすいルールで柔道の魅力の一部を体験できること、②安全に実施できること、③対戦相手への敬意の気持ちを持てることを重視し、「タグ柔道」を実施している。

柔道に対する子供及び教師たちの声
・投げ技や寝技が怖い。安全面の確保が難しい。
・試合のルールが複雑で理解しづらい。

ルールはタグを取るだけ！！タグ柔道

子供たち及び教師たちの声
・腰についたタグを２本とるだけのルールなので、分かりやすい。
・柔道場をたくさん動き回ることができるのがおもしろい。
・相手にフェイントをかけたり、相手をかわしたりするのが楽しい。
・転倒の危険が少ないため、安全に実施できる。
・試合の勝ち負けだけでなく、相手を敬う気持ちがついてきた。

● **基本のルール**

① 腰にタグベルトを取り付け、体の前面にタグを２本取り付ける。
② 安全面確保のため、頭にヘッドギアを装着する。
③ お互いに礼をし、試合を開始する。
④ 相手よりも先に、相手のタグを２本取ったほうが勝利となる。
⑤ お互いに礼をし、最後に握手をする。

第9章　実　践　編
●事例6　体育・保健体育の指導と合理的配慮

● ワンポイントアドバイス

　それでもルールの理解や、力いっぱいの運動が難しい生徒もいる。何で困っているのかをしっかりと分析し、必要な配慮を行おう。

「タグを取れば勝ちのルール理解が難しい」
　→教師と一緒に練習しながら、少しずつルールを理解していこう。タグの色を工夫したり、外れたときに音が鳴ったりする工夫をしたりすることで、少しずつ興味がわいてくるかもしれない。また、タグを取ったときには、大いにほめて成功を伝えてあげよう。

「相手の動きに合わせて動くことが難しい」
　→まずは相手のタグを集中して取ることを目標にしてあげよう。この場合は、生徒同士の対戦よりも、教師が対戦相手になったほうが相手の動きを導いてあげられる。

4　保健授業と合理的配慮

　今回は、体育授業を中心に指導と合理的配慮について説明を行ったが、保健の時間においても同様に必要に応じて合理的配慮を行うことが重要である。保健は、日常生活と非常に深く関係している教科であるため、生徒のためにどのような保健の授業を行うのかは、体育授業と同様に重要になってくると言えよう。生徒たち一人一人にとっての保健授業の意

味を考え、生徒たちがより効果的に学ぶための方略や配慮を行っていくことが重要である。中でも、以下のことは忘れずに実施していくことが期待される。

①　生徒自身が自分の生活をよりよくしようと考え、実生活の改善に生かしていくことのできる学びを保障すること

②　保護者や担任と相談しつつ、その生徒にとっての保健教育の目標を設定したり、継続的に評価したりしていくこと

【参考文献】
特別支援学校小学部・中学部学習指導要領、高等部学習指導要領（2008）
障害者の権利に関する条約（障害者権利条約）

第9章 実 践 編
●事例7　音楽の指導と合理的配慮

● 事例7 ●

音楽の指導と合理的配慮
子供の特性を生かした支援の実際

佐賀県佐賀市立富士小学校 教頭　**石田亮子**

1　音楽と合理的配慮

　学校教育における音楽は、子供一人一人の情操を育成することに目的がある。そのための感性を培うとともに音楽的な能力の伸長を図ることが求められている。もちろんそこには音楽を愛好するという心情がベースにあることは言うまでもない。また、学校音楽では、器楽や合唱などの場面で音楽的な技能を育てることに時間を費やすことがどうしても多くなる。技能の習得がスムーズな子供は、それなりに音楽を楽しく感じることができるであろう。しかし、そうでない子供にとってはどうであろうか。

　現在、障害のあるなしに関わらずどの子供も学習に取り組めるよう配慮する教育が推進されており、特別支援教育の視点を取り入れた指導方法はその一つである。これまでの音楽の指導においても、すべての子供が音楽を心から楽しいと感じる音楽学習を構築するため、指導方法の創意工夫を行ってきた。このような子供一人一人を大切にした指導にはこの特別支援教育及び合理的配慮の視点と一致するところが多く見られる。これまでの実践事例を通して、これらのことに焦点を当てながら述べていきたい。

2 指導の実際

（1）教師が視点を変えることでマイナスの行動をプラスの行動に

事例１：席に座っていることが困難な子供への支援

　聴覚も視覚も過敏な子供にとって、音楽室は刺激の多い場所である。教室で45分間自分の席に座っていることが困難な子供であれば、音楽室で椅子に座って授業を受けることは、なおさら難しいだろう。

【支援方法】

○席から離れてよい場面をつくり、「小さな先生」を任命する

　例えば、離席して勝手にピアノを弾いてしまう子供には、あえてピアノを弾いてよい場面をつくる。ピアノの椅子に座ったら、「ソの音を（出して）ください」など、ピアノを弾くように指示を出す。その結果、ピアノを弾いて叱られていた子供が、「ありがとう」と教師から感謝される場面が生まれる。

　ピアノの椅子に座るとき、時間を「10分」と決めておくと、他の子供と交代することができる。どの子供も「小さな先生」を経験できることで、その子供だけに「特別」なことではなくなり、友達関係も良好になる。

　このとき、「10分で交代します」と書いたカードをピアノの横に提示しておくと、短期記憶の弱い子供も忘れずに約束を守ることができる。そして、交代したときに「交代できたね」「約束を守ることができたね」と褒めることを忘れてはならない。

　ピアノの演奏の他にも、指揮者になって指揮をしたり、「音楽監督」という名のもと、席を離れた場所からみんなの演奏を聞くことができるようにしたりできる。そして、その子供のよさ、例えば指揮の仕方（リズム感、テンポ感）や、「音楽監督」としての感想（表現力）などを称

第9章　実践編
●事例7　音楽の指導と合理的配慮

賛することで、友達からも認められ、自己肯定感も高くなると考える。

事例２：リコーダーを止められない児童への支援

　興味を持っていることや好きな活動に取り組むと、なかなかその行動を止められない子供がいる。音楽の時間では、例えば、リコーダーをすぐに吹きたがる子供が考えられる。教師が話しているときも、みんなで歌を歌っているときでも、すぐにリコーダーを持って吹き始める。多くの場合、この子供は「吹いてはいけません」と教師に注意され、友達からは「やめて」「うるさい」と言われる。その結果、怒り出して教室を飛び出したり、注意をした友達とトラブルになったりする。

【支援方法】

○リコーダーを吹いてよい場所を用意する

　ある子供は、リコーダーに興味を持ち、どの授業でも思わず取り出して吹き始めた。既習のリコーダーの曲ばかりでなく、自分が知っている曲や既習の歌唱教材も、音を思い出しながら吹いていた。もちろん、注意をしてもやめられない。そこで、「吹きたくなったら隣の空き教室で吹いてきてよい」と吹くことをあえて認めることにした。すると、時々リコーダーを持って教室を出ると、満足するまで吹いて戻ってくるようになった。

　数日後、他の子供が「リコーダーの音色がきれいになったね」と言い始めた。他の教師からも「じょうずね」と褒められるようになった。勝手にリコーダーを吹いて注意をされていた子供が、リコーダーのことで友達や先生に認められるようになったのである。

　子供が授業中に教室を出て違う活動をすることについて、教師の中には「子供の自分勝手な行動を認めていると思われるのではないか」「そのときの子供の学習が保障されないのではないか」などの心配が生じるかもしれない。しかし、子供が注意ばかりを受けて自己肯定感を低下させ、学習意欲を失ったり場合によっては二次障害につながったりするよりも、「上達する」「承認される」「称賛される」経験を積むことによって、

159

長期的には、学習意欲の向上や学力の定着、自己肯定感が高まることが期待されると考える。

（2）子供が「できること」を教師が探し、認める

事例3：集会や音楽会に参加することが苦手な児童への支援

音楽の授業は、学校での集会や音楽会に出場するための練習の時間になることも多い。集団での活動が苦手な子供にとって、学級や学年のみんなとステージに立つことは、不安で仕方ないことだと想像できる。本番が近くなると、音楽の練習だけでなく、並び方や入退場の仕方などを、何度も繰り返す。このことに強い抵抗のある子供も考えられる。

また、何日も繰り返される音楽の練習では、曲の途中で止められて「もう1回やり直し」たり、「ソプラノパートだけ歌って」「打楽器は、ちょっと休んで」など突然口頭で指示されたりする。自分は「できている」と思っていることを「やり直し」と言われたり、「想定外」のことを「口頭」で指示されたりすることが苦手な子供にとっては、これが練習に参加できない理由の一つではないだろうか。

【支援方法】

○練習の計画表を提示して、練習の見通しを持たせる

カレンダーや時間割に練習する日（時間）を書き込み、その日（その時間）には、どんな練習をするかを、視覚的に伝えておく。

○練習の仕方を決める

児童の実態を把握しておくことが前提となる。集団活動が苦手なのか、音楽という表現活動が苦手なのか、あるいは、大勢の前で発表することが苦手なのか、児童の特性によって練習の仕方が変わってくる。

例えば、集団活動が苦手であれば、練習の最初の10分だけ参加したり、最後のまとめの演奏だけ参加したりする。体育館などの練習の場に行くことさえも困難な児童であれば、最初の10分だけ練習場所で見学して、残りの時間は、別室で学習することも認める。そして、少しでも

第9章　実　践　編
●事例7　音楽の指導と合理的配慮

練習の場所にいる時間が長くなれば、称賛することが大切である。

○自分の立ち位置を事前に知らせておき、入退場の場面は、「見せる」
　活動から入る

　練習場所に参加できる児童の場合、1人の教師がモデルとなって、その子供の代わりにステージに立ってみせる。子供は、その教師の動きを見て、自分がどのように動けばよいのかを理解できるので、安心して活動に参加することができる。

　練習場所に参加できない子供の場合は、練習の様子を録画して見せたり、図に描いて説明したりすることで、全体の動きを知らせることができる。

○本番に参加できたら、よし（合格）とする

　練習には参加しないのに、本番には参加できる子供もいる。この様子を見て、「本番に参加できるのなら、練習にも参加できるはず」「なぜ、本番には参加できるのに、練習には参加できないのだろう」と思ってしまう教師も多い。しかし、その熱い思いを一旦置いて、「本番に参加できたらよし」という構えで関わっていくことが大切だと考える。そして、本番後に「よく頑張ったね」と認められることで、子供は自信を持つことができ、次の活動では、少しだけハードルを上げて挑戦することができるのではないだろうか。

（3）音楽の要素を簡単にする

事例4：リコーダーが苦手な児童への支援

　音楽は、旋律、リズム、和声、歌詞などの要素を、同時に同じ時間に表現する芸術である。そのため、リズムを感じることや音程を正しくとることが苦手な児童にとって、音楽は苦手な教科となるのであろう。また、不器用さが目立つ児童にとっては、リコーダーの練習は、指使い（運指）が難しく、音楽の時間が苦痛になる理由の一つだと考える。

161

【支援方法】

　教材を工夫し、ねらいを「友達と音楽を楽しむ」ことにしぼり、リコーダーの演奏に取り組むことができるようにした。

○対象：小学5年生

○題材：いろいろな音のひびきを味わおう

○目標：リコーダーの音が重なり合う響きを感じながら演奏できる

○教材：『小さな約束』（佐井孝彰 作曲）

○本時の目標：友達といっしょにリコーダーアンサンブルを楽しむことができる。

学習活動及び学習内容	指導上の留意点
1　「小さな約束」の練習をする。 　練習方法 　・1人で練習 　　自分の席で楽譜を見ながら練習 　・友達と練習 　　同じパートの友達と一緒に、楽譜や電子黒板を使って練習 　・先生と練習 　　難しいところを聞きながら練習 2　本時のめあてを持つ。	○パート毎に色を決めたカード「パートカード」を準備しておく。 　第1のパート・・・青 　第2のパート・・・黄 　第3のパート・・・赤 ○三つのパートのどのパートを練習してもいいことを伝える。
ハーモニー作りの旅に出かけよう（リコーダー編）	
3　違うパートの友達を見付けて、一緒に演奏をする。	○自分と違う色の「パートカード」を身に付けた友達を探して演奏する。 ○「旅の約束」として、次のように声をかけることを約束する。 　・演奏前 　　「いっしょに合わせよう」 　　「いいよ」 　・演奏後（互いに） 　　「ありがとう」
4　全体の前で発表する。	○「パートカード」を身に着けて、3人で演奏する。
5　振り返りをする。	○感想を書く。

第9章 実践編
●事例7 音楽の指導と合理的配慮

○教材の工夫

　自閉症スペクトラムの児童Ａ児は、歌唱には興味も自信も持ち、大き
な声で堂々と歌うことができる。しかし、リコーダーの練習になると、
肩を落とし、授業にも興味を示すことができない。この「小さな約束」
の楽譜を初めて教科書で見たときも、「どうせできない」と言って意欲
を持つことができず、取り組んではみるものの、「できない」と言って
すぐに練習をやめていた。

　そこで、二つのパートで構成されている「小さな約束」に、次の観点
で第３のパートを付け加えた。

　　　　○指使い（運指）をできるだけ簡単にする

　　　　○リズムの変化を少なくする

　　　　○階名で書いておく

　運指を簡単にするために、左手だけで出せる音（ラ、シ、ド）を多く
取り入れた。また、２拍ずつ音が変わるようにした。さらに、音符を読
むことに時間を取らないように、すべて階名で書いた。

　この第３のパートを書き加えた楽譜を配布し、学級の全員に「どのパー
トを練習してもよい」ことを伝えると、Ａ児は迷わず第３のパートを選
び、意欲的に練習に取り組み始めた。

○ねらいをしぼる

　本時は、ねらいを「友達と音楽を楽しむこと」にしぼった。その結果、
Ａ児も自信を持って授業に参加することができた。「○○君、合わせよ
う」と自分から積極的にアンサンブルに取り組む姿が見られたのである。

　そして、全体発表のときには自ら挙手をした。指名すると、第１、第
２パートの友達を２人選び「（一緒に発表）しよう」と声をかけ、発表
した。しかし、その発表は、Ａ児が途中で間違ったため、３人揃わない
まま演奏が終わった。

　これまでのＡ児は、間違えたところで諦め、気持ちを切り替えること
ができずにいた。ところが、このときのＡ児は、「もう１回やりたい」

163

と言って、再び挙手をしたのである。2回目の発表は、A児が満足いく演奏となったので、振り返りの感想にも「そろえられてうれしかった」と書いている。「失敗してもやり直したい」という意欲も持つことができた（**資料1**）。

資料1

○ソーシャルスキルトレーニング

　特別支援学級に在籍している自閉症スペクトラムの児童B児も、音楽は交流教育として本学級で学習していた。リコーダーは、楽譜どおりの演奏をすることができるが、友達との関わりは苦手であり、自分から声をかける場面はあまり見られない。

　そこで、本時では、友達との演奏前後に、「旅の約束」として、「いっしょに合わせよう」「ありがとう」と言葉を交わす練習をした。ソーシャルスキルトレーニングの要素を取り入れたのである。その結果、B児は友達に声をかけて演奏をすることができた。また、どの子供も、声を掛け合い、「友達と音楽を楽しむ」ことができていた。

○視覚的支援

　誰がどのパートを演奏しているのかが一目で分かる「パートカード」を取り入れた。三つのパートをそれぞれ色で表すことで、自分との違いがすぐに分かり、一緒に演奏できる友達を探しやすい。児童たちが、迷わずに声をかけることができた理由の一つではないだろうか。

　第3のパートをつくり教材を工夫したこと、ねらいを「友達と音楽を楽しむ」ことにしぼったこと、ソーシャルスキルトレーニングの要素を取り入れた場面を設定したこと、演奏するパートを色で示して視覚的に支援したこと。これらは、支援を必要とする児童が自信を持って学習活動に参加するために有効な支援だった考える。

そしてそれは、すべての児童にとっても、音楽を楽しむことができる支援の一つになったと考える（**資料2**）。

資料2

3 子供の特性を見極めて支援方法につなげる

　子供一人一人の特性に応じて音楽の指導方法を工夫することで、旋律・和声の美しさやリズムの楽しさを味わうことができるように考えてきた。その中で、その子供が持っている音楽の力を発揮することができ、音楽を楽しく感じることにつながったのではないだろうか。また、これらの指導方法の工夫は、すべての子供にも有効な手立てだと考える。

　このように、子供一人一人の特性に応じた支援方法を工夫するためには、その子供の特性を教師が見極めることが必要である。得意なこと、苦手なこと、またその子供の背景にあることを正確に把握し、さらにこの情報をその学校の全職員が共通理解することが大切となる。

　そして、「できないなら鍛えなければならない」という視点から、「その子供が今できるところを認めよう」という視点で支援を考えることができるようになることが、すべての教員にとって重要であると考える。

● 事例 8 ●

図工・美術の指導と合理的配慮

つまずきの背景と支援のポイント

佐賀県小城市立牛津小学校 教諭 **中島由美**

1 子供にとっての創作活動

■特別支援学級での創作活動

「先生、ひもちょうだい。ざらざらした木みたいなひもがいい」と、2年生の子が言ってきた。「斧をつくりたいから……」道に落ちていた1つの石の形から石器時代の石斧を思いつき、休み時間に木の枝を探しに行って持ってきていた。ある日の特別支援学級での休み時間での様子である。別の子は、交流学級での給食時間に、自らクラスに呼び掛けて給食の牛乳パックを集め、毎日たくさん抱えて持ってくる。もう200個以上ある。「これで家を作りたいんだ」と語りながらテープでつなぎ合わせたり、マジックで色を塗ったり。失敗し工夫しながら形作っていく。他にも、4コマ漫画を毎日何十枚も描いて会話をする子、独自のおもしろキャラクターを描いて辞典を創る子。子供たちは、常に、大人には考えつかない発想で、身近にある物で感じたことを描いたり、工作したりしている。

創作活動に没頭し、自ら考え、工夫して子供たちは創造の世界を広げていく。国語や算数などの学習の中では、自らの考えをなかなか出すことが難しい子供たちも、創作活動では、生き生きと自ら考え、その思いを発信している楽しい時間である。

第9章　実践編
●事例8　図工・美術の指導と合理的配慮

2 「図工・美術」の授業としての課題

（1）交流教育での「図工・美術」の実態

　図画工作・美術の授業は、本来、子供一人一人が感性を働かせながら、つくりだす喜びを味わうようにするものである。子供たちは表現する楽しさに触れ、自分の想いを形にしながら活動し、それぞれの自己肯定感を高めていくことができると考えられる。

　しかし、特別支援学級や通級指導教室を利用している子供の現状は、上記のような目標からは程遠い現実がある。特別に配慮を必要としている子供も通常学級の中で確定された評価基準による学習課題に取り組み、その作品が教室の背面に掲示されている。そのため、年齢を重ねるにつれて、自分の作品と友達の作品を比較し「できばえ」を気にして、図工・美術に対しての苦手意識が芽生えてくることが見られるのである。

　このような現状は、子供の「表現したい」という意欲や生き生きと自ら考える楽しい活動とは言い難いものとなっている。

（2）「図工・美術」の学習のねらい（学習指導要領）

　学習指導要領において、図画工作・美術は「A表現」「B鑑賞」の2領域の学習内容がある。学習のねらいには、「発想し想像力を働かせる、構想し周囲の様子をよさや美しさを感じ取り味わう、組み合わせを簡潔にすることや総合化すること、形や色彩、材料、光などがもたらす性質や感情の理解」等が挙げられている。そして、「体験的な創作活動に対して、変化を見分けたり、微妙な変化を感じ取ったりすることが難しい場合は、造形的な特徴を理解し、創造的な技能が育つように、子供たちの体験や実態を考慮して、特徴が分かりやすいものを例示することや多様な材料や用具を用意したり、種類や数を絞ったりする等の配慮をする」

167

「形や色などの特徴を捉えることや、自分のイメージを持つことが難しい場合は、形や色などに対する気付きや豊かなイメージにつながるように自分や他の人の感じたことや考えたことを言葉にする場を設定するなどの配慮をする」が添えられている。それぞれの実態に応じて支援し、表現の楽しさを味わえるようにすることが求められている。

(3) 合理的配慮の必要性

　特別支援学級や通級指導教室を利用している子供だけでなく、通常の学級に在籍している配慮の必要な子供は、上記の支援だけではうまく表現できないことも多い。白い画用紙を前に最初の一筆が描けないことや、最後まで取り組めずに途中で投げ出すことがある。また、切ったり貼ったりがうまくできないこと、絵の具が混じることや汚してしまうことなどで、「失敗した」と思うこともある。そのような子供たちに「できた」という達成感を持たせるためには、子供の特性を知り、授業のユニバーサルデザイン化を図ることが望まれる。その上で、これまでの子供の経験や興味・関心を把握し、題材の設定や教材教具の工夫、支援方法等、子供一人一人に合った合理的配慮が必要と考える。

「図工・美術」の学習における子供のつまずきと支援

(1) 線描・スケッチ

【つまずきの背景】

(ア) 空間を具体的にイメージすることが苦手
　　○視覚的な認知力が低いために、実物から空間の縦、横、高さ等の関係を理解することが難しい。
　　○２次元の教材（教科書などの立体図形、写真等）では、具体的なイメージを抱くことが難しい。

第9章　実践編
●事例8　図工・美術の指導と合理的配慮

　　　○上下左右の理解が難しく、どこが縦で横なのか間違う。

　　　○見たものを記憶に留めることや距離感をつかみにくいため、適度な
　　　　長さが分からず、等間隔や等比率で描くことが難しい。

　　　○どこから描き始めたらよいかが分からない。

（イ）衝動的に動くことがある、注意を持続することが苦手

　　　○じっと見たり、ゆっくり線を引いたりすることが難しい。

　　　○始めはじっくりと取り組んでいても、最後まで取り組むことが難し
　　　　い。

【支援例】

　　○写真に撮り、平面になった手元で見ながら描かせる。

　　○描く大きさに拡大したものを用意する。

　　○ 実際の具体物 → 写真 → 絵 の順に3次元を2次元に描くとどうな
　　　るのか、言葉を添えて位置関係を理解させる。

　　○線描された絵や写真をなぞらせて、描き方の練習をする。

　　○空間の関係（縦、横、高さ、奥行き）を、色分けして提示する。

　　○指や手でおおよその大きさや長さを具体的に確認させる。

　　○対象物をパーツに分けて見せ、部分ごとに描かせる。

　　○手順書を作り、描く順序を提示する。

　　○複雑な線を要求せず、大まかな輪郭を描くことで終わらせる。

（2）色塗り

【つまずきの背景】

（ア）絵の具道具を扱うことが苦手

　　　○不器用であるために、様々な道具を扱うことに時間がかかる。

　　　○使いやすい配置が難しく、こぼすことや汚すことがある。

（イ）思った色を作ることが苦手

　　　○衝動性や力の調節が難しいため、絵の具や水を入れ過ぎて、思った
　　　　色を作ることが難しい。

169

○絵の具を混ぜることに興味が移り、目的を忘れることがある。
（ウ）細かい作業をすることや注意を持続することが苦手
　　○細かい作業や長時間になると雑になり、意欲が続かなくなる。
　　○緻密なものや複雑なものを捉えることが難しく、意欲が出ない。
【支援例】
　　○道具の使い方を具体的に提示する。
　　○はみ出させない工夫をする（余白にクレヨンやロウを塗っておく、教師が細く縁取りしておく）。
　　○配色の支援（暖色、寒色など色が持つ感じ）を具体物を用いて説明する。
　　○集中できる時間を見計らい、終わる時間を提示する。
　　○彩色のルールを提示する。

```
彩色のルール
1　赤・青・黄・白を少しずつ混ぜよう
2　溶く水の量を守ろう
3　できた色の試し塗りをしよう
4　筆の持ち方動かし方を確かめよう
```

（3）自由画・想像画

【つまずきの背景】
（ア）実物のないものをイメージすることが苦手
　　○感情を言葉や形で表現することや描くことが難しい。
　　○題材から想像して、イメージを広げることが難しい。
　　○描くものを発想することやイメージを持つことが難しい。
（イ）変更することが苦手
　　○自分の捉えている概念を変えることが難しい。
　　○独自の世界観がある。

【支援例】
- 発想イメージワークシートを作り、言葉を書き込ませる。
- 想像画について説明する(実存しないことでよいと伝える)。
- 具体例を提示し、描くイメージを持たせる。
- 発想イメージの例と同じパターンで思いつくものを記入させる(選択肢から選ばせる)。
- 本人の世界観を大切にした題材を描いてもよい雰囲気をつくる。

(4) 立体作品・彫刻 (中学校)

【つまずきの背景】

(ア) 感覚の特性により、道具を扱うことや細かい部分の作業が苦手
- 切ったり貼ったりなどの作業が難しく、形が崩れやすい。
- イメージどおりの作品ができないことで意欲をなくしてしまう。
- 粘土やのり等の素材の質感や汚れを拒む。

(イ) 見通しを持つことが苦手
- 材料など何を準備すればよいのかをイメージすることが難しい。
- 順序立てて作業することが難しい。
- 材料を切りすぎたり、使いすぎたり、適度な量を把握しにくい。

(ウ) 空間認知が苦手
- 作品のイメージを持つことが難しい。
- 作りたいイメージを作品に作り上げることが難しい。
- 視点を持つことが難しく、どこから作業すればいいのかを考えることが難しい。

【支援例】
- 切る、貼る、描く等、様々な工程が含まれるものを用意し、その中から選べるようにする。
- 他の時間を確保して、自分のペースで仕上げさせる。

○細かい作業を手伝い、最後の部分を本人に作らせる。

○本人にとってうまく使えない道具ではなく、使いやすい道具（手が汚れないのり、テープやステープラ等）を準備しておく。

○細かな作業を伴わない材料（型はめ、ちぎる等）を使用させる。

○様々な角度（真正面、横、上）から見た様子を捉えさせる。

○縦、横、高さの色を決めて示し、視覚的に捉えやすくする。

○見る視点を言語化し、多様な角度から立体を意識させる。

○具体的な見本（作品や模範演技）など視覚的手がかりを示す。

○手順や道具の使い方を視覚的（カード、板書、動画）に示す。

（5）鑑　賞

【つまずきの背景】

（ア）相手の気持ちを理解するのが苦手

○作品を見ただけでは、何をどのように感じ取ったり、理解したりしていいのか、分かりづらい。

（イ）言語化することが苦手

○見る視点が分からなかったり、思っていることを表現する言葉を身に付けていなかったりする。

【支援例】

○作品の何を見るかを具体的に示す（書画カメラで注目させる部分に色つきの枠を当てる等）。

○作品のよさの表現の仕方、言葉を事前に学習させる（「力強さ・ゴツゴツ」は筋肉の付き方「しなやか・やさしそう」は細さや長さなどに関わること等を伝える）。

○作者や作品を整理し、カードを用いて簡潔に提示する（年代と作品名を色別に提示する）。

○作品を印象づけるために模写する。

○鑑賞のポイントを整理しワークシートや表などにまとめる。

第9章　実　践　編
●事例8　図工・美術の指導と合理的配慮

　　季節を知る（衣服や植物などを見て、花の咲く季節を調べる）
　　作者の共通部分を探す（色使いや筆の跡の同じ所を調べる）
　　作者の気持ちを考える（背景の色、明暗、赤系統／青系統）
　　人物の表情を知る（笑っている／困っている／泣いている）
○色相環を作り、色の感じ方を色で表現できることを教える。
○カードゲーム等で楽しく学習する（同系色を集めよう／補色でペア
　を作ろう）

4　特別支援学級における実践例

①　**題材名　段ボール大作戦**

②　**教材観**

　子供たちはものの中に隠れたり、入ったりすることが大好きである。段ボールを積み重ねたりつないだりしながら、体全体を使って工夫し、大きな作品を作ることで達成感も大きなものになると考える。また、大きな作品を作る過程では協力し、譲り合うことが必要になる。広い空間を用意し一緒に作ることでお互いの作品のよいところを取り入れながら、さらに工夫することを期待したい。

③　**指導計画**

　(1)　段ボールを運ぼう

　(2)　設計図をかこう

　(3)　道具の使い方を知ろう

　(4)　組み立てよう

　(5)　遊んでみよう

173

④ 児童の実態と合理的配慮

	児童の実態	本単元の学びのめあて	合理的配慮
A児	発想が豊かで論理的に思考する。できないことに苛立つことがある。	創りたい形にする方法が分からないときは、手伝ってもらいながら、最後まで取り組むことができる。	・設計図で構想を聞き取り、つまずきそうなことを予想し手立てを準備しておく。 ・「手伝ってください」カードを持たせておく。
B児	素材を生かし形作ることができる。マイルールを主張することがある。	作業を手伝い合ったり、材料や道具を譲り合ったり友達と協力して取り組むことができる。	・上手くできていることを称賛し気持ちを安定させる。 ・「道具の使い方」「学習の進め方」のルールを共通理解させ、提示しておく。
C児	指示されたことにまじめに取り組む。気持ちや考えを表現することや手先を使った作業が苦手である。	創りたいイメージを持ち、自分でできる活動に最後まで取り組むことができる。	・設計図の中で、全体構想や本人に合った作業方法を一緒に考えておく。 ・作業のやり方や道具の使い方を視覚的に示したり、友達の作業場面を見せたりする。
D児	活動を最後までやり遂げることができる。既定のこと以外をすることをいけないことだと思うことがある。	友達の発想や参考作品をもとに自分なりの構想をもって造形活動に取り組むことができる。	・他児の設計図を見合う中で、いろいろな発想があることを伝える。 ・それぞれの作品のよさを具体的に示し、取り入れてもよいことを伝える。

⑤ 指導の実際

(1) 段ボールを運ぼう

教室の机やいすを片付けて、大量の段ボールを倉庫から運んだ。何度も運び、早く活動に取りかかりたい様子であった。

(2) 設計図をかこう

家、電車、タワー等作りたいものはすぐに決まった。どのように組み立てるかを説明させ、段ボールの大きさや数を確認した。

(3) 道具の使い方を知ろう

設計図

第9章 実践編
●事例8　図工・美術の指導と合理的配慮

段ボールカッターやガムテープの使い方を毎回確認した。

(4) 組み立てよう

どの段ボールを組み合わせればいいかな

段ボールカッターで切ってみよう

倒れないように補強しよう

色も塗りたい

(5) 遊んでみよう

狭い玄関だから壊さないように入ろう

5　生き生きと自ら考える楽しい活動に

　子供たちは、常に、見るもの、聞こえるもの、触ったもの等、五感を使って想像している。特別な支援を必要とする子供たちは、発想し想像力を働かせることが難しいとか、創造的な活動は苦手であると思われがちである。
　しかし、その表現方法を知らなかったり、上手くできなかったりしているだけなのである。教師の働きかけにより、楽しく、豊かに表現することが可能になる。

175

図画工作・美術の学習は、子供たちが、生き生きと自ら考える楽しい活動であって欲しいと考える。

【参考文献】
内野務・中村隆介編著（2012）『アートフル図工の授業』日本文教出版
三嶋眞人・奥田さが子編著（2013）『特別支援の絵画と造形』いかだ社
文部科学省『小学校学習指導要領』平成20年3月
文部科学省『中学校学習指導要領』平成20年3月

第9章 実 践 編
●事例9 園生活場面での合理的配慮

● 事例9 ●

園生活場面での合理的配慮
PDCA サイクルで進める合理的配慮の提供

認定こども園相模女子大学幼稚部 園長 **齋藤正典**

  認定こども園相模女子大学幼稚部における インクルーシブ教育・保育

　認定こども園相模女子大学幼稚部（以下幼稚部）は、幼保連携型認定こども園であり、約320名（利用定員300名：1号認定180名、2号認定69名、3号認定51名）の子供たちが在園している。平成28（2016）年4月に幼稚園から幼保連携型認定こども園に移行したが、それによって2・3号認定の入園については応諾義務が課せられ、これまで以上に多様な教育的・発達的なニーズを持った子供が入園してくることが予想されたこと、また平成25（2013）年から平成27（2015）年度の3年間、文部科学省の「インクルーシブ教育システム構築モデル事業（モデル園）」に採択されたことをきっかけとして、インクルーシブ教育・保育を導入することとし、そのための環境整備などを行ってきた。

　インクルーシブ教育・保育を導入するに当たり、幼稚部ではインクルーシブ教育・保育を、文部科学省（平成24〔2012〕年）の定義を基に、『すべての子供が同じ場所で学ぶことを追求していくとともに、一人一人の子供の教育的・発達的ニーズに対して、自立と社会参加を見据えて、そのニーズに対して最も適切な指導・援助を提供していこうとする教育・保育のこと』と捉えて、その対象を在園するすべての子供とした。また、合理的配慮を、『個々の子供の教育的・発達的ニーズに対して、環境構成も含めた、最も適切であると考えられる指導・援助のこと』であ

るとして、具体的な指導・援助の在り方を検討しながら教育・保育を実践している。そして、全園児一人一人の教育的・発達的ニーズに対する教育・保育目標や援助の在り方などを、児童票（1、2号認定）や保育ドキュメンテーション（3号認定）で示しており、児童票（1、2号認定）では4か月ごとに①保育の目標、②援助の留意点、③子供の姿、④評価反省などを、保育ドキュメンテーション（3号認定）では毎月、①遊びの姿、②生活の姿、③保育の目標などを写真も使いながらまとめている。そして、特別な配慮が必要と考えられる子供については、必要に応じて個別支援計画（IEP）を作成しており、その際は保育者が、支援保育コーディネーター、臨床発達心理士、保護者などと連携を図りながら作成している。

　幼稚部におけるインクルーシブ教育・保育に対するこれまでの取組の概要は、平成24（2012）年度より、支援保育コーディネーター1名を配置し（副園長 or 主幹保育教諭が兼務）、支援保育コーディネーターを中心にインクルーシブ教育・保育を展開していく体制を整えた。具体的には、神奈川県や相模原市の特別支援教育・保育などの助成制度の活用による副担任（非常勤）の配置（3歳児クラス各2名、4・5歳児クラス各1名）、相模女子大学子育て支援センターや相模原市の保健センター・療育センター等との連携強化、相模原市保健センターの巡回指導の活用、園内・園外研修による保育者のインクルーシブ教育・保育に関する専門性の向上等を行った。また、平成25（2013）年度から平成27（2015）年度の3年間は、文部科学省のインクルーシブ教育システム構築モデル事業（モデル園）として、**図1**に示す地域連携型インクルーシブ教育・保育を構想し、相模原市近郊に在住する臨床発達専門家や発達・療育機関などと連携・協働しながらインクルーシブ教育・保育を実践していくための体制を整備した。具体的には、地域在住の4名の臨床発達心理士などの臨床発達専門家が定期的に相模女子大学幼稚部に来園し（各々が週1日程度）、相模女子大学幼稚部の教育・保育実践に参加し、

第9章 実 践 編
●事例9　園生活場面での合理的配慮

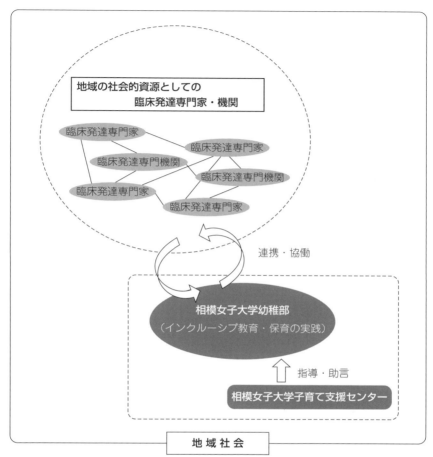

図1　地域連携型インクルーシブ教育・保育の基本構造

　子供たちと生活を共にしていく中で、個々の子供の教育的・発達的ニーズを捉え、それらに対して必要と考えられる指導・援助の在り方を保育者とともに検討した。特別な配慮が必要であると考えられる子供に対しては、「子供のアセスメント⇄IEP（個別支援計画）の作成⇄IEP（個別支援計画）に基づく教育・保育の実践⇄教育・保育の評価・反省・改善」といったPDCAモデルに基づいた個別支援も行った。平成26（2014）年度のインクルーシブ教育・保育に関する取組の概要を以下に示す。

表1に示すように平成26（2014）年度は、地域の臨床発達専門家を講師に園内研修会を10回開催し、また、21人の園児に対してIEP（個別支援計画）の作成とそれに基づく個別支援を行い、その実践の振り返りによるIEP（個別支援計画）の見直しも行った。幼保連携型認定こども園に移行した平成28（2016）年度以降は、非常勤の臨床発達心理士1名を配置し（週3日間勤務）、表2に示す基本方針に基づいてインクルーシブ教育・保育を実践している。四つの基本方針の中で、(a)(b)は個々の子供に対する指導・援助に関するもので、(c)(d)は、幼稚部の教育・保育の内容や方法そのものに関するものである。

表1 平成26（2014）年度の取組内容

内　容	実　績
支援保育コーディネーター	1名
地域在住の臨床発達専門家	4名（延べ来園日数148日）
園内研修会	10回
園児報告会	4回
学年別ケース会議	6回（2回／学期）
相模女子大学子育て支援センターとのケース会議	2回
相模原市の巡回指導	2回
IEP作成園児数	21名 （医療機関からの診断書あり2名）

表2 認定こども園相模女子大学幼稚部のインクルーシブ教育・保育の基本方針

（a）すべての園児を対象とし、一人ひとりの教育的・発達的ニーズに最適と考えられる指導・援助を提供する

（b）特に配慮が必要と考えられる子どもに対しては「幼児のアセスメント⇄IEP（個別支援計画）の作成⇄IEP（個別支援計画）に基づく教育の実践⇄教育の評価・反省・改善」に基づく個別支援を行う

（c）多様な教育的・発達的ニーズを持つ子どもたちの全てが、主体的に参加できるような教育・保育の内容や方法などを検討し実践する

（d）多様な教育的・発達的ニーズを持つ子どもたちが幼稚部で共に生活するからこそ経験できること、学べることを十分に活かした教育・保育を実践する

第9章　実　践　編
●事例9　園生活場面での合理的配慮

2　合理的配慮の具体例

　幼稚部における合理的配慮の具体例を、ASD（自閉スペクトラム症／自閉症スペクトラム障害）傾向があると診断された A 児（3歳児、男児）の事例によって示していきながら、幼稚部のインクルーシブ教育・保育の実際とその課題などについて説明する。

（1）A 児の姿

　入園当初より不安や緊張から表情が硬く、保育室に入らずに外で泣き叫ぶといった姿も見られた。しかし、幼稚部での生活に慣れてくるにしたがって、ブロックやままごと遊具、パズルなどで遊ぶことを楽しむ姿も見られるようになった。ブロックでは色別に並べてある状態にこだわり、その並べ方が少しでも変わっていると即座に元の状態に戻そうとした。ままごと遊具の遊びでは、“投げる”ことに興味を持つと、すべての遊具を一つ一つ保育室内に投げてはその行き先を眺めることを繰り返し行う姿が見られた。また、保育室内にある黄色の箱や特定の印のついた入れ物に興味を持つようになると、それらを見つけては中のものをひっくり返すことを楽しむようになるなど、強いこだわりを持って遊ぶ姿が見られた。身体を動かすことは好きで、園庭を走ったり、大型遊具で遊んだり、ボール遊びを楽しんでいた。年度の前半は、高いところに登ることも好きで、何かあるとすぐによじ登ろうとした。その一方で、人形を寝かせてそれを抱っこするような姿も見られた。

　担任保育者など特定の保育者と関係が築かれてくると、登園時にその保育者を見かけると駆け寄ってくるようになった。入園当初は、保育室からすぐに外に飛び出していこうとしていたが、担任保育者との関係が築かれるにしたがって、その保育者の後追いをするようになり、その保育者の姿が見えなくなると泣きながら探し回ったりする一方で、担任保

181

育者と一緒に手遊びを繰り返し楽しんだり、担任保育者が近くにいることで、他の保育者との関わりを楽しむ姿も見られるようになった。他の子供に自分から関わっていくことはほとんどなく、また他の子供に興味を示すような姿もほとんど見られなかったが、他の子供の持っている"物"や"やっていること"が、自分の興味のある"物"や"こと"であったりすると、その物を取りに行ったり、その様子を眺めていたりするような姿も見られた。

　言葉でやり取りすることは難しいが、「いや」「バイバイ」で拒否を示し、「はい」で了承を示すなど意思表示をすることはできた。保育者の話を理解することも難しいが、個別に丁寧に対応すれば理解することができることもあった。また、年度の半ばになると、保育者が仲介することによって、他の子供と遊びの中でモノの貸し借りなどのやり取りをすることを楽しむ姿も見られるようになった。食事や排泄などの身の回りのことは、担任保育者が個別に関わり、手順を示しながら次のことを自分でするように促していくことで、自分でやろうとしたり、行うことができるようになった。

　年度の半ばに、医療機関でASD傾向ありとの診断を受けたとの報告があった。

（2）A児に対する合理的配慮

　A児に対しては、特別な配慮が必要との判断により、IEP（個別支援計画）を作成して合理的配慮についての検討を行った。A児に対するIEP（個別支援計画）を**表3**に示す。このIEP（個別支援計画）は、アセスメントとして"CHEDY（保育者のための幼児用発達障害チェックリスト）"、"KIDS（乳幼児発達スケール）"なども用いながら（5月に評定）、担任保育者が、支援保育コーディネーター及び臨床発達心理士などとチームを組み、発達臨床心理士などの助言を受けながら作成した。また、IEP（個別支援計画）の保護者への説明と、その内容確認につい

第9章　実　践　編
●事例9　園生活場面での合理的配慮

ても、保護者からの申し出により行った。IEP（個別支援計画）の見直しは、通常は年に2回行っているが、A児に対しては1回の見直しとなった。

表3　A児の個別支援計画

アセスメント	CHEDY		KIDS	相模原市アセスメント	その他
	20／22／26／13／20		53		
家族構成	●●				
家庭での様子	【性格・発達】 ・元気でいつも走り回っている。 ・こだわりが強く好きなことには集中して取り組むが、言われたことなどはやろうとしない。 ・言葉は少ないが、自分の意思を示すことはできる。 【生活習慣】 ・好き嫌いがはっきりしている。 ・トイレットトレーニングを始めている。 【保護者の願い】 ・みんなと同じように園生活を楽しく送ってほしい。				
他機関利用等	相模原市○○				

学期	前期（4〜9月）	後期（10〜3月）
長期支援目標	・幼稚部での生活に慣れ、安心して過ごせるようになる。 ・保育者の援助を受けながら、自分の身の回りのことを自分で行おうとする。	
子供の姿	（前年度後期の子供の姿） ・身体を動かすことが好きで、園庭を元気に走り回ったり、大型遊具を登ったり、ボール遊びをすることを楽しむ姿が見られる。 ・担任保育者が近くにいないと、落ち着いて遊びや活動に取り組むことができず、保育室内をうろうろするなど不安定な姿が見られる。 ・「はいー！」「いやー！」など意思表示を言葉でするが、保育者の話を十分には理解できない。	（前期の子供の姿） ・園庭で身体を思いっきり動かして、走ったり、ボールを投げるなどして遊ぶことを楽しむ姿が見られる。 ・担任保育者から離れて他の保育者のところに自分から行き、関わろうとする姿が見られるようになってきている。 ・ゆっくり丁寧に関わったり話したりすると保育者の話も理解できるようになってきている。 ・保育者が一人対一人で関わると、

183

	・こだわりが強く、楽器遊びなど気に入ったことを繰り返し行うことを楽しむ姿が見られる。 ・自分の身の回りのことは、保育者がゆっくり関わり援助することによって、自分から行おうとする姿も見られるようになってきている。	安心感を持って自分の身の回りのことを行おうとする姿も見られるようになってきている。
個別支援の必要性	・担任保育者がいなかったり、他児と関わっていたりすると不安定になるなど、担任保育者から離れられないことから、担任保育者との信頼関係を築くとともに、友達や他の保育者とも楽しく過ごせるように支援していく必要がある。 ・言葉や理解力の遅れがあるため、ゆっくりと丁寧に関わり、伝え方も工夫する必要がある。	・担任保育者との信頼関係を築いていく中で、友達や他の保育者と関わることを楽しめるように支援をしていく必要がある。 ・自分の身の回りのことでできることはなるべく自分から行っていこうとするように支援する必要がある。
短期支援目標	・保育者と一緒に安心して園での生活を過ごす。 ・友達のやっていることに興味関心を持ち、一緒に遊ぶことの楽しさを経験する。 ・自分の身の回りのことを自分から行おうとする。	・安心、安定した情緒で園での生活を過ごす。 ・友達のやっていることに関心を示し、一緒に遊ぶことを楽しむ。 ・自分の身の回りのことで、自分でできることややろうとすることを増やしていく。
支援の手立て	・保育者との信頼関係を築く。 →ボール遊びや楽器遊びなど好きな遊びを一緒にする。 →ゆったりと丁寧に伝えていくなど安心感を持てるような配慮をする。 ・保育者や友達と遊ぶことの楽しさを知る。 →ボール遊び、運動遊びなど好きな遊びを3人程度の少人数グループで楽しむ機会を作る。 →生活の中で他児からの関わりがあった場合は、保育者が代弁したり、やり取りの見本を見せたりして、一緒に関わることの楽しさを伝えていく。	・保育者との信頼関係を強化する。 →好きな遊びを一緒にする中で、保育者から話しかけるなど関わりを多く持つように配慮する。 ・友達と一緒に遊ぶ機会を持つ。 →ボール遊びや運動遊びを一緒に行う中で、友達とのやり取りを楽しむ機会を作っていく。 ・集団活動を楽しむ機会を持つ。 →集団活動では、同じ場にいたり、集団の近くにいるだけでも集団活動に参加しているとみなすが、一緒に楽しく活動を行う機会を持てるような配慮をしていく。

第9章　実　践　編
●事例9　園生活場面での合理的配慮

	・集団活動に参加することの楽しさを伝えていく。 →集団活動時には集団の近くにいたり集団内にいるだけでも参加しているとみなす。 →活動に興味関心を示している時は、一緒にやりたくなるような言葉かけを行う。 ・基本的生活習慣に関することでは、食事場面、排せつ場面など保育者の支援の在り方をルーティン化して、安心感を持って取り組めるように配慮する。	・自分の身の回りのことを自分から取り組んでいこうとするように配慮する。 →保育者の支援の在り方や取組の手順をルーティン化することで安心感を持って取り組めるように配慮していく。
評価・反省	・担任保育者との信頼関係を築き始めることはできたが、ずっと自分の後をついてくるような姿も見られ、そういった時は十分に受容しきれなかったとともに、友達と一緒に遊ぶような姿も見られなかった。 ・集団活動では、楽器遊びや運動遊びのような好きな遊びの活動の際は、一緒に行うような姿も見られてきたので、そういった活動をきっかけとして集団活動の楽しさを伝えていきたい。 ・食事や排せつなど自分から取り組む姿も見られるようになってきている。	・担任保育者がいることで、友達のやっていることに関心を示したり、友達と関わる姿も見られるようになってきたことから、友達とのやり取りを楽しめるような配慮をしていきたい。 ・集団活動では、一緒に行う姿が見られることもあるが、一緒に活動する姿は見られなかった。 ・言葉で伝えても、理解できないことから、伝え方の工夫は必要である。

　A児に対する合理的配慮の実際を**表4**に示す。"合理的配慮の観点"については、インクルーシブ教育システム構築支援データベース（国立特別支援教育総合研究所）に基づいた。合理的配慮の在り方については、支援保育コーディネーター、臨床発達心理士、担任保育者の話し合いなどに基づいて、担任保育者がその都度修正・改善していった。また、5月の個人懇談の際に、担任保育者がA児の園での姿を話していると、保護者もA児の発達を気にかけていたことから、臨床発達心理士との発達相談を進めたところ、それから継続的に発達相談の機会を持つよう

になり、必要に応じて担任保育者も含めた三者面談となったり、支援保育コーディネーターも含めた四者面談となることもあった。また、相模女子大学子育て支援センターとのケース会議で、Ａ児は好きな遊びを色々と楽しんでいるが、"並べる""投げる""登る"といったことを繰り返すことが中心で、遊びを展開していくことに関しては"みたて遊び"の芽生えが見られる程度であることや、担任保育者などと個別にじっくりと関わる中で、他者とやり取りをすることが重要であるとの助言を受けたことから、週に１回、１時間程度の"個別遊び"の時間を設けることを保護者に提案した。保護者の要望もあったことから、年度の半ばより、"個別遊び"を開始した。この"個別遊び"ではＡ児と担任保育者、臨床発達心理士の３人が別室で一緒に遊び、その様子は臨床発達心理士が報告書によって保護者に伝えた。

表４　Ａ児に対する合理的配慮の実際

生活上の困難を改善・克服するための配慮
Ａ児は、担任保育者など特定の保育者の後を追ったり、近くにいないと探し回ったり泣き叫んだりといった不安定な姿が見られることから、年度の前半は、担任保育者がＡ児の好きな遊び（外遊び、ボール遊び、楽器遊びなど）を一緒に行い、抱っこや負んぶなども含めたスキンシップを意識的に多く取るように心がけて信頼関係の強化に努めた。保育室での座席の位置も担任保育者に一番近い前方として、担任保育者が近くにいることを感じられるように配慮をした。３歳児クラスは、子供30名に対して、担任１名と副担任が２名の３名体制であるが、担任保育者がＡ児と関わる時は、全体を副担任が見るなどの連携がスムーズに取れるようにした。担任保育者との信頼関係が築けてきた年度の後半は、Ａ児が好きな遊びを担任保育者と一緒に行っている際に、他の子供を誘うことで３〜４人程度の少人数グループで遊ぶ機会を作ったり、他の子供がＡ児に関わってきた時に、担任保育者がＡ児の代弁をしたり、他児とのやり取りをやって見せて、Ａ児にも同様に関わって見るように促すなど、友達や保育者と一緒に遊ぶ楽しさを経験できるような配慮をした。食事や排泄などの基本的生活習慣に関しては、その手順をルーティン化し、また保育者の援助のあり方や声かけの仕方もルーティン化することによって安心感を持ってＡ児が取り組めるように配慮した。特に図などを用いた視覚化を行うことはなかった。副担任との連携によって、これらの場面でも担任保育者が、できる限り１対１でゆったりと丁寧に対応できるように配慮した。言葉は、「はーい！」「いーや！」などによる意思表示や単語（主に名詞）の羅列であったことから、その都度Ａ児の言いたいことを汲み取り、正しく言い直して聞かせるなどを行った。また、Ａ児に対しては、個別になるべく短い文章でゆっくり丁寧に話して聞かせていくような配慮を行った。

教育・保育内容の変更・調整

　クラスでの活動など集団活動では、他の子供と一緒に活動していくことは難しかった。入園当初は、集団活動には全く興味・関心を示さずに、好きな場所に行って好きなことを行っていたので、副担任が個別に対応し、しばらく自由に遊んでからクラスに戻るように促していったが、担任保育者との関係が築かれていくに従い、担任保育者のそばを離れずにクラス集団内に居たり、クラス集団の近くで好きなことをして遊んでいることが多くなった。また、年度の半ば頃になると、楽しそうに集団活動をしている他の子供の姿を眺めているような姿も見られるようになってきた。そこで、A児に対しては、集団活動時は、その集団内や集団の近くにいるだけでも集団活動に参加しているとして、無理に皆と同じことをさせることはせず、集団活動でやっていることに興味・関心を示している時に一緒にやってみることを促したり、集団活動としてA児の好きな運動遊びやボール遊びなどを取り上げることで、友達と一緒に活動することの楽しさを経験できるような配慮を行った。

コミュニケーション及び教材の配慮

　言葉は、「はーい！」による了解、「いーや！」「バイバイ」による拒否などの意思表示や単語の羅列（「ボール」「抱っこ」「よいしょ」）であったことから、その都度A児の言いたいことを汲み取り、正しく言い直して聞かせるなどを行った。また、A児に対しては、個別になるべく短い文章でゆっくり丁寧に話して聞かせていくようにした。担任保育者がA児の好きな遊びを一緒に行っている時、他の子供をその遊びに誘うことで3～4人程度の少人数グループで遊ぶ機会を作ったり、そう行った中で他の子供がA児に関わってきた時には、担任保育者がA児の代弁をしたり、やり取りをやって見せて、A児にも同様にやってみるように促すなど、友達や保育者と一緒に遊んだり、やり取りすることの楽しさを経験できるような配慮をした。

学びの機会や豊かな経験の確保

　相模女子大学子育て支援センターとのケース会議などで、好きな遊びを色々と楽しんでいるが、並べたり、投げたり、登ったりといったことを繰り返し行うことを楽しむような姿が中心で、遊びを展開していくような姿については"みたて遊び"の芽生えがみられる程度であったことや、担任保育者など個別にじっくりと関わったりやり取りすることが重要であるとの助言を受けたことから、年度の半ばより毎週1回、1回1時間程度の"個別遊び"の時間を設けた。臨床発達心理士が中心となって担任保育者と共に別室（子育て支援室）でA児とプログラムに基づいて遊び、その様子は臨床発達心理士が保護者に報告した。遊びのプログラムは、A児の興味・関心に基づいて臨床発達心理士が立てているが、シール貼りやビーズ通し、手遊びなどを中心に行った。このような個別遊びについては、保護者の承諾のもとでA児以外にも数名の子供に実践している。

　運動会や子供の会（生活発表会）などの行事では、A児なりの参加の仕方（同じ場にいて楽しそうにしているなど）を尊重するとともに、そのような姿が見られるようになってきた過程を保護者に伝えたり、そういったA児の姿がA児なりの参加であるとクラスの他の子供が認めていけるように配慮した。

心理面・健康面への配慮

　A児は、担任保育者など特定の保育者の後を追ったり、近くにいないと探し回ったり泣き叫んだりといった不安定な姿が見られることから、年度の前半は、担任保育者がA児の好きな遊びを一緒に行ったり、抱っこや負んぶなども含めたスキンシップを意識的に多く取るようにして安心感を持って生活できるように配慮した。保育室での座席の位置も担任保育者に一番近い前方として、担任保育者が近くにいることを感じられるようにした。担任保育者と一緒にいる時は、副担任は勿論のこと、A児と顔を合わせた保育者がなるべく声をかけたり、スキンシップをはかるように努めた。新規の場面や状況に不安定になる傾向があることから、生活習慣に関することについては、ルーティン化して同じやり方や手順で行うようにするとともに、保育者の援助や言葉かけについてもルーティン化して安心感と見通しを持って取り組めるようにした。

専門性のある指導体制の整備

　A児に対しては、担任保育者、支援保育コーディネーター、臨床発達心理士がチームとなって定期的な打ち合わせをしていく中で、IEP（個別支援計画）の作成や日々の教育・保育におけるA児の理解や指導・援助のあり方についての検討を行った。必要に応じて副園長、園長が参加することもあった。また、年間2回程度の相模原市保健センターによる巡回指導の活用及び指導員との連携、年2回程度の相模女子大学子育て支援センターとのケース会議などによって、A児に対する助言を得られるようにした。A児の生活の様子は、園児報告会で全教職員が情報を共有できるようにした。

保護者の理解啓発のための配慮

　5月の個別懇談会で、担任保育者がA児の様子を伝えていく中で、保護者もA児の様子を気にしているところがあったことから、幼稚部の臨床発達心理士と話をすることを提案すると、それ以降、継続的に臨床発達心理士と話し合いの時間を持つようになった（全7回程度）。担任保育者との三者面談となることや支援保育コーディネーターを含めた四者面談となることもあった。年度の半ばより“個別遊び”を週に1回行うことになったことから、その様子などを記述した報告書を臨床発達心理士が、保護者に毎回提出するとともに、それをもとにA児の育ちの様子について話し合ったりすることもあった。また、1学期後半には、医療機関よりASD傾向があるとの診断を受けたとの報告が保護者より担任保育者にあった。子育て支援室では、個別遊びの他に、今後発達検査や知能検査なども受けることができるような体制を整備する予定である。

３　インクルーシブ教育・保育の成果と課題

　認定こども園相模女子大学幼稚部がインクルーシブ教育・保育を導入した成果として、保育者、支援保育コーディネーター、臨床発達心理士などの連携によって以下の3点が促進されたことが挙げられる。

第9章 実 践 編
●事例9 園生活場面での合理的配慮

① 個々の子供の教育的・発達的ニーズを的確に捉えられるようになり、特に障害のある子供や特別な配慮の必要な子供の発達理解が促進され、そういった子供たちが幼稚部にいることが当たり前と感じられるような風土が幼稚部内に醸成された。

② 障害のある子供や特別な配慮の必要な子供などに対して、「子供のアセスメント⇄IEP（個別支援計画）の作成⇄IEP（個別支援計画）に基づく教育・保育の実践⇄教育・保育の評価・反省・改善」といったPDCAモデルに基づいて合理的配慮の提供ができるようになってきた。

③ 障害のある子供や特別な配慮の必要な子供の保護者を含むすべての保護者に対して、的確な対応ができるようになってきた。

　これらの成果は、**表2**に示す幼稚部のインクルーシブ教育・保育の基本方針のうち、個々の子供に対する指導・援助に関する基本方針である（a）（b）に関連するものであり、インクルーシブ教育・保育を導入したことで、障害のある子供や特別な配慮の必要な子供に対する合理的配慮の提供ということだけでなく、すべての園児の各々に対する適切な指導・援助の在り方を意識した教育・保育を実践するといったことが幼稚部内に根付いてきたことは大きな成果であると考えられる。

　その一方で、幼稚部のインクルーシブ教育・保育の課題としては、次の2点が挙げられる。

① 保育者は幼稚部の教育・保育目標や方針などに基づいて、個のことだけでなく集団も考慮して教育・保育を考えるので、保育者の個に対する指導・援助はその影響を大きく受ける。一方、臨床発達心理士などは、幼稚部での生活などの文脈から切り離し、その子供の発達を客観的に捉えた上で、それに対する支援の在り方も考えていこうとする。このような両者の個に対する指導・援助や支援の捉え方の違いから、両者が対立することもあり、両者の連携がうまくいかないこともあった。

189

②　保育者自身がこれまで実践してきた教育・保育の内容・方法などはそのままに、そこにどのように、今いる障害のある子供や特別な配慮の必要な子供を含むすべての子供を参加させていくかという発想から保育者はなかなか脱却できない。障害のある子供や特別な配慮の必要な子供なども含めたすべての子供が、楽しく自立的に生活できるような包括的で共生的な教育・保育の在り方そのものを検討しながら、これまでの幼稚部の教育・保育の見直しを進めていく必要がある。

　この二つの課題の中で、"すべての子供が楽しく自立的に生活できるような包括的な教育・保育の在り方そのものの検討の必要性"に関しては、**表2**に示した幼稚部のインクルーシブ教育・保育の基本方針のうち、（c）（d）に関連するものである。子供一人一人の教育的・発達的ニーズに最適な指導・援助をしていこうとすることや障害のある子供や特別な配慮の必要な子供に個別支援をしていくといったことに関する保育者の意識は高まってきていることから、それらを踏まえて、すべての子供たちが自立的に楽しく生活できるような包括的で共生的な教育・保育の在り方について検討していくことが今後の課題である。

【参考文献】
独立行政法人国立特別支援教育総合研究所インクルーシブ教育システム構築支援データベース（インクルDB）
　http://inclusive.nise.go.jp/
文部科学省（2012）「共生社会の形成に向けたインクルーシブ教育システム構築のための特別支援教育の推進（報告）」
尾崎康子監修（2014）「CHEDY 保育者のための幼児用発達障害チェックリスト解説書」文教資料協会

第9章 実 践 編
●事例 10 小学校：学校生活場面での合理的配慮

● 事例 10 ●

小学校：学校生活場面での合理的配慮

本人が安心し居場所となる学級を目指して
——発達段階における合理的配慮——

横浜市立仏向小学校 主幹教諭 **大山美香**

① 「チームで関わる合理的配慮」

　小学校に入学し、初めて出会う社会集団が学級である。環境や関わり方の違いにおいて、子供たちの感情は変化し行動変容につながる。子供たちにとって、満足のある学校生活を送るためには一人一人が安心して過ごせる学級が必要である。この基盤となるのが、自己理解（対人関係の信頼感の上に受容的理解的態度が増し、ありのままの自分でよいと思える）、他者理解（他者受容し、信頼体験を通して他者と関わる）、相互理解（相手の状況や思考の違いを踏まえ、自分の気持ちを伝え、相手を理解する）の三つである。そのための社会的サポートは欠かせない。

　学校生活場面において合理的配慮を提供する際に必要なこととして、①一人一人が主体的に学ぶための支援と環境、②一人一人の人生における自己実現への土台づくりを行うことを意識し、支援し、担任だけではなく、チームとしての子供への関わりが重要だと考える。その中心的役割を担うのが特別支援教育コーディネーターである。

　本編では、通常の学級における特別支援教育コーディネーターとして取り組んできた支援内容を低学年、中学年、高学年に分けて紹介する。

191

② 横浜市における児童支援専任教諭

　発達段階におけるつまずきをいち早く発見するために、横浜市では、平成27（2015）年に児童指導と特別支援教育コーディネーターの役割を兼務する児童支援専任教諭（以下、「専任」）が全公立小学校へ配置された。これは平成23（2011）年に開始した子育て支援を、緊急的取組の一つに位置付け、きめ細やかな対応のために児童支援体制強化事業の成果である。これは、子供を取り巻く諸課題が多様化し、行動や学習に特別な支援を要する子供が増加する中、小学校における組織としての対応力を強化し、一人一人に目を配る教育を推進することを目的とした取組である。中学校の専任（「生徒指導専任教諭」）との大きな違いは、小学校では、必ず特別支援教育コーディネーターを兼ねている点である。原則学級担任をせず、担当時間数も週12時間までに抑えられ、学校内外で活動しやすいように配慮されている。専任に期待されている役割として大きく以下の八つがある。

(1)　人間関係調整能力の育成

(2)　校内児童指導体制整備

(3)　発達課題・不登校などの課題ある児童へのチーム支援の推進・特別支援教育コーディネーター

(4)　児童・保護者・カウンセラーとの連携を図る教育相談活動

(5)　トラブルの予防、早期発見、防止、解消、いじめや暴力防止

(6)　児童生徒の暴力行為、いわゆる問題行動への対応、弁済システム・規範意識の醸成等の社会性の取得の推進

(7)　地域、幼保小中等の社会資源活用のための連携の窓口

(8)　学級崩壊防止のための学級状況のアセスメントとコンサルテーション等の担任支援（児童支援専任ハンドブック参照）

学校現場の中で、教員や保護者から、専任に期待される仕事は多種多

様である。小学校では、学級という所属集団において、長い時間を過ごす。児童支援専任として子供たちと関わる中で、発達段階においてのつまずきが見えてきた。低学年では、直接的な体験や人との関わりの中で学ぶその中で「できた経験が少ない」「学校のルールや約束が理解できていない」という主な二つの点からうまくいかない。中学年では、自立心が芽生え「友達との関わりが増える中で自分の思いを伝える、受け止めるなどのスキルが十分ではない」ことで仲間とのやりとりで困難さが増してくる。高学年では、クラブや学校への所属感が深まるが、ありのままの自分を受け入れられないことで人間関係がうまくいかないことが増えてしまう。自分の学級に居心地のよさを感じられないことは、とてもつらいことである。だからこそ、安心して一人一人が主体的に学べる環境や支援が必要である。

事例1　低学年／接続期の課題Aさん
――スタートカリキュラムから――

(1) 児童の様子

　Aさんは、小柄で歌やダンスが好きな1年生女児だ。しかし、うまくいかないことがあると、「いやーだぁー」と大声で怒りながら泣き叫ぶ。活動に飽きると離席してしまう。その場の状況や人の気持ちを把握することが難しく、自分の気持ちを言葉にできない。一斉指示での行動や活動参加が難しい。このつまずきから以下の背景要因が考えられた。
　○学校生活の見通しや学習内容が分からないので興味が持てない。
　○言葉の発達につまずきがあってもイライラや不満を言葉でうまく伝えられない。
　そこで、支援のポイントを、
　○安心して小学校生活をスタートする。
　　（横浜市では、図1のような「主体性」「志向性」「かかわる力」

の三つの視点を重要な視点と捉え接続期のカリキュラムに反映させていきたいと考えている。）

○学校や友達との関わり方のルールを知る。

と設定した。新1年生は様々な配慮を要する児童や集団参加の難しい児童がいた。就学前の様子から入学に際してはチームでの準備の再確認と具体的な配慮の必要性を感じ、学びの連続性を大切にしたスタートカリキュラム（図1）を実践した。

図1　持続期を捉える全体構造図
（「育ちと学びをつなぐ〜横浜版接続期カリキュラム」2012より）

（2）合理的配慮の実際

Aさんは、学校生活の見通しも持てないため不安な様子が見られた。ゆるやかな園からの活動の流れと、学校という新しい環境や生活リズムを獲得できるように片付け方の写真を掲示（写真1）するなど支援した。学力の三つの要素（図2）につながるねらい「一人一人の子供が安心感をもち行動できる」「各教科等の学習が園からの学びと円滑につなげることで、学習に意欲的に取り組めるようにする」「学習や生活の基盤となる学級集団作りをする」と設定し、スタートカリキュラムを実施した（図3）。

写真1　ろっかあのなか

《学力の三つの要素》
◇基礎的な知識・技能
◇課題解決のために必要な思考・判断力・表現力等
◇主体的に取り組む態度
（学校教育法　第4章小学校30条②より）

図2　学力の三つの要素

第9章　実践編
●事例10　小学校：学校生活場面での合理的配慮

時　期	ね　ら　い	人とのつながり（発達）
4月第1週 最初の5日間 くらい	《心をほぐす》《学校に対して安心感をもつ》 《教師や友達と仲よくなる》《学校という環境になれる》 ◆学校は安心できる所だという気持ちをもつ。 ◆教師との一対一の関係を大切にし、 　信頼関係を築きながら安心感をもつ。 ◆学校という環境に慣れ、教師や友達との遊びや生活を 　楽しむ。 ◆幼稚園や保育園での体験を生かし、「できる」という 　気持ちを支えにして、安心感をもって活動や学習をす 　る。	教師や友達との 一対一の つながり
4月第2週〜 4月末頃まで	《教師や友達と仲良くなる》《自分のことは自分でできる》 《新しい集団のルールを考え始める》 ◆少しずつ友達との関わりを増やし、新しい集団に慣れ 　る。 ◆生活のリズムをつかみ、自分のことは自分でできるよ 　うにする。 ◆新しいクラスでのルールに気付いたり、考えたりしな 　がら、その中で徐々に自分らしく行動できるようにす 　る。 ◆やってみたい、知りたい、という興味・関心を大切に 　し、学習への意欲と主体的に取り組もうとする気持ち 　がもてるようにする。	小グループでの つながり
5月頃〜 7月頃	《関わりを広げる》《自己発揮》 《新しい集団でのルールを守る》《知的興味》《主体性》 ◆友達との関わりを広めたり深めたりし、その中で自分 　らしさを発揮しながら意欲的に生活できるようにす 　る。 ◆小グループからクラスでの活動へと人間関係を広げて 　いけるようにする。 ◆集団でのルールを守り、規律ある生活を送る心地よさ 　が感じられるようにする。 ◆知的興味を生かしながら、主体的に学習に取り組んで 　いけるようにする。	クラスでの つながり

**図3　スタートカリキュラムの時期とねらい（育ちと学びをつなぐ〜横浜版接続期
カリキュラム（2012）より）**

①　「学びの連続性を意識したスタートカリキュラム」

　Aさん以外にも、新1年生は様々な配慮を要する児童や集団参加の難しい児童がいた。そのため、就学前の様子から入学に際してはチームで

写真2 『なかよしタイム』

写真3 『わくわくタイム』

の準備の再確認と具体的な配慮の必要性を感じ、学びの連続性を大切にしたA小スタートカリキュラムを実践した。スタートカリキュラムは、子供が安心し、意欲的に学校生活のスタートを切ることが目的であり、それは6年間の学校生活を支えるスタートでもある。就学前より、集めた情報の中で学級編成を行った。スタートカリキュラムのねらいを週案に位置付け、3週間は学年での動きを多く取り入れ、緩やかに学級へつなげていくようにした。

『なかよしタイム』

「自由遊び・音楽・体育〜主に友達となかよく活動する時間」として短いスパンで設定し、児童が参加できる活動を増やしていった。また、友達と触れ合ったり体を動かしたりする活動を意図的に取り入れることを意識した。1週間もすると、緊張し固まっていたAさんは、うそのように元気よく遊ぶ姿が見られた。

『わくわくタイム』

「生活・絵本や紙芝居の読み聞かせ〜主に学校のことを知る時間」として設定し児童の気付きを広げられるような取組を行った。学校探検の約束を確認し、見付けたことを自由に話をする時間を十分にとった。 Aさんは、学校探検では図書館が気

に入り、絵本を探し、登校班の上級生のお姉さんがいる教室の場所が分かると休み時間に遊び行くことができるようになり、行動の幅を広げることができた。

『ぐんぐんタイム』

「ゲームの中で数を数えたり、話の聞き方を学んだり、運筆練習をするなど主に学習につながる時間」として設定した。教科学習の先取りではない、後に学習につながると思われる活動を意欲的に取り入れた。Aさんは算数の「かずであそぼう」のゲームが気に入り、図工の粘土遊びでもお団子を作り数えながら並べる姿が見られた。

Aさんは、スタートカリキュラムを通して、友達とのやり取りの中で少し我慢することができるようになった。また、トラブルの際には、

写真4 『ぐんぐんタイム』

「ルールカード」を、活用し、友達との約束を守れるようになった。活動中には、椅子に座る時間が少なく、同じ園の出身の友達との関わりの中で安心感も増し、学校生活に慣れていった。

② サインのキャッチ

友達との距離感を掴めず不適切なやり取りや、トラブルになってしまうAさんは、不安になると指しゃぶりをし続ける様子が見られた。活動の意味が理解できないため、友達の嫌がることをやり続けてしまう様子も見られた。活動の意味が分からない部分についての支援として、分かりやすい指示（短く簡潔に）、一つの行動ができてから次の指示を心掛けた。授業中や休み時間を含め、「ルールカード」を活用し友達との

ルールを確立していった。また、口に指を持っていくときには不安な気持ちのサインだと受け止め、担任をはじめ関わりのある教員が「どうしたの?」と声をかけ言葉で伝えられるように促した。「これ、分からない」「ふでばこ忘れちゃった」など、言葉で伝えられる場面が増えるのにつれ、夏休み前には指しゃぶりの行動は減っていった。

③ 幼保小のつながり

スタートカリキュラムを実施するに当たって、教員がチームで関わる必要があった。就学前アプローチとして、当時の1年生の学年主任と養護教諭、児童支援専任と各園を周り、就学予定の園児を参観し、その後、園の先生からは配慮を要することについて、じっくり話を聞く。10人以上の就学予定の園では、園訪問以外でも引き継ぎ会を年度末に設定し、年長の担任と1年生の担任、専任と養護教諭で情報を共有する。子供の情報カードにまとめていき、クラス編成に役立てた。入学式前日の見学会にも、本児は家族総出で参加し、当日は泣かないで参加することができた。

(3) 児童;保護者の変容

スタートカリキュラムを継続的に行ったことで、歌が好きなAさんには女の子の友達ができた。不安なことがあったときなどに、「いやーだぁー」と泣き叫ぶこともあったが、なかよしタイムを中心に、友達との関わりの中で、ルールを学んでいき安心して学校生活を送れるようになってきた。分からないことがあったときに、不適切な行動で解消していたAさんに授業の導入場面で、教師がAさんの理解度を把握できるように、個別的に声をかけることで、「分からない」「教えて」「大丈夫」など、安心して意思表示をしながら学習に取り組めるようになった。また、Aさんは「人から指摘されること」が嫌いである。そのため、間違う場面が多々ある学校生活においては、小さな怒りが起こる場面が多くあった。なかよしタイムやわくわくタイムでは回数を重ねることで、小

さな怒りが起こりそうな場面でも、他児の意見を聞き、自分が『間違った』ことに気付くと少しずつ修正していける姿が見られるようになった。就学前からの顔の見える関係を園の先生や小学校の先生と構築することで、子供や保護者の不安解消につながったことも大きい。

また、保護者も家庭でのこだわりへの対処に苦慮していることやAさんが学校で困っている姿を教員と共有した。学校でも家庭でも共通のこと（一日の活動めあてが達成できたら、カレンダーにシールを貼る）など支援することで、Aさんも達成感が高まっていった。困っている姿をなくすための支援と環境についての話もできる関係になり、保護者と一緒に外部機関である医療機関と連携を深めることもでき、Aさんが安心して過ごせるためのチームをさらに構築することができた。

事例2　中学年／不登校Bさん
——特別支援教室から——

（1）児童の様子

Bさんは3年生の女児である。様子は以下のとおりであった。まじめに活動に取り組む。前年度途中より「みんなの目がこわい」と不登校となった。言葉の理解のずれと硬さがあり、誤解が生じやすい。発言が弱く思いが伝わりにくく、こだわりがあることがあった。このつまずきから以下の要因が、考えられた。

〇先に見通しが持てず

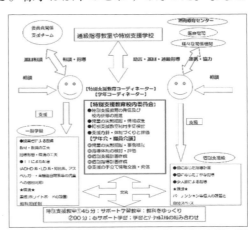

図4　特別支援教育の手引き（A小）より一部抜粋

に、これまでの失敗体験がフラッシュバックし、対人不安を感じる。

○いつも同じ状況を保つことで、心の安定を図ろうとする。

そこで支援のポイントを、

○安心して過ごせる場（特別支援教室）を設定し、安心できる人を増やす。

○母子分離・自分自身との付き合い方を高める。

と設定した。

（2）合理的配慮の実際

① 特別支援教室の周知

　横浜市は平成21年に、全校に特別支援教室を設置した。特別支援教育の手引きを、特別支援コーディネーターが中心になり作成し、教職員に周知した。特別支援教室の活用についても保護者に啓発をし、保護者からの要望等があった。活用状況は様々だが、学校全体では、特別支援教室を個に応じ、困っている姿をなくすための方法を習得する、連続性のある多様な学びの場の一つの場所と捉えた。45分間の学習サポートと90分間の心サポートと二つの取り出しの時間を設定した。90分については学習の間にソーシャルスキルに取り組んだ。特別支援教室の指導は、児童支援専任と担任外、非常勤の4人で体制を組み対応した。特別支援教室で行う学習のめあてとして「自分の状態・状況を的確に把握しながら、自発的に援助を求める」「周囲からの助言や共感・慰めを肯定的に捉え、受け入れる」「感情を相手に向けて伝わるように表現する」「物事を多角的に捉えることや経験の中から理解を深めたり修正したりする」「自分と他者の考えが違うという視点に立って物事を捉える」の五つをねらいとして実践した。

> 安心して過ごせる場（特別支援教室）を設定し、安心できる人を増やす。

② 教室につながる特別支援教室

　学習においては、コミュニケーションスキルの学習や学習課題の小集

団指導を行った。特別支援教室は「まちがい しっぱい大かんげい ほっとするひまわりルーム」を合言葉に中学年8名のグループを2人の教員で90分みることで少しずつ自分の思いを伝えることができるようになった。またBさんの登校時には、担任と連絡を取り合い、特別支援教室と在籍級にBさん担任と筆者が入れ替わり、担任とも信頼関係を構築し、安心できる人を増やしていった。見通しが視覚的に確認できるようにタイムタイマー等（**写真5**）も活用する中で「もう少し、学校にいよう」との言葉も聞かれるようになった。Bさんは体幹の力が弱いために、長時間椅子に座ると姿勢が崩れてしまう状況から本人の選択ではあるが、特別教室で使用する木の椅子を使用した（**写真6**）。在籍級での学習に行けたときに、「背中まっすぐでかっこいいです」とほめられたことも、Bさんの自信になった。

写真5　タイムタイマー

写真6　特別支援教室での学習

> 母子分離・自分自身との付き合い方を高める。

③ 時間の見通し

「お母さんがいないと心配」の言葉からBさんに確認をしながら、母親の滞在時間を短くしていった。自分の気持ちや考えを伝え合い、友達への言葉かけなどを大事にし、係の仕事、学習、みんなの話、今日のゲーム、学習、ふりかえりなどパターン化した。Bさんの表現を大切にし、タイミングよく具体的にほめることを意識した。自分の行動の不安から動けなくなることが多かったが「まっ、いいか」などの魔法の言葉を習得させることで行動面でもよい変化が見られた。半年後には母子分離ができ、毎日登校と学級での学習が可能になった。

・Bさんのやり方

　人とのコミュニケーションでは、話したいことがあると一方的に話してしまう一方で、心配なことや不安なことがあると活動が始められない様子が見られた。不安なときの対処方法として、手紙を書くことが好きなBさんには「心配なときにはメモをとり、見返すと安心だよ」と伝え促し続けた。すると様々な場面で心配なときにはメモを取る行動が定着した。安心できる先生が増えていくにつれて、メモを取るために質問したり確認したりすることもできるようになった。「約束した時間をメモに書いて、放課後友達と遊んだよ」と報告に来てくれるようになり、友達関係も深まっていった。

（3）児童；保護者の変容

　Bさんの保護者からは、自分自身を受け入れ「クラスに入るのも恥ずかしくない。平気になった」と言えるようになったと連絡があった。忘れやすい情報はメモをし、計画を立てる力がついた。自分なりのこだわりで活動が滞りそうなときに「まっ、いいか」と自分の気持ちを切り替えられるようになったとの担任の声もあった。

　最初は、特別支援教室にも、「誰かがいるなら嫌だ」と拒んでいたBさんが、少しずつ滞在時間を延ばすことや、自己決定をする中で、母子分離をし、学級で活動する時間が増えてきた。

　年度末には、一日、在籍学級でも生き生きと過ごせるようになった。Bさんが「まっ、いいか」「大丈夫」「また今度」を口にしながら、楽しんで学校生活を送っている様子を見て、保護者や学級担任はじめBさんを支援するチーム皆で嬉しさを共有した。

5 事例3　高学年／思春期Cさん
──『横浜プログラム』から──

　Cさんは、いつもトラブルの中心にいる6年生男児だ。ある日、Cさ

第9章 実 践 編
●事例10 小学校：学校生活場面での合理的配慮

んから、「先生、もうあのクラス嫌だ」とういう訴えが、特別支援教育コーディネーターに届いた。6学年の学級担任よる学級経営が、大変困難な状況に陥っていった。担任は自信を失い、子供たちも戸惑いながら日々過ごしていた。

特別支援教育コーディネーターとして、校内で話し合いの場を持ち、担任支援を柱とし授業支援、保護者支援も含めた臨時懇談会の実施、何よりも子供の情緒の安定を図ることに努めるように支援プランを立てた。

学級の中には、外国につながる児童、発達に課題のある児童など多様な児童が不安と混乱の中に渦を巻いているようだった。不安定さが増す6年生に対して、個や集団に対するアプローチの必要性を強く感じた。子供自身が困ったときの対処方法を身に付けることや授業の参加の仕方について合意形成をすることと合わせて、一人一人が安心して過ごせる学級づくりが必要と感じ、『子供の社会的スキル横浜プログラム』(以下、『横浜プログラム』)を道徳や特別活動の時間や隙間の時間を使いチーム(T1筆者、T2担任)で活用した。

『横浜プログラム』とは、「個を生かす　集団指導プログラム」である。

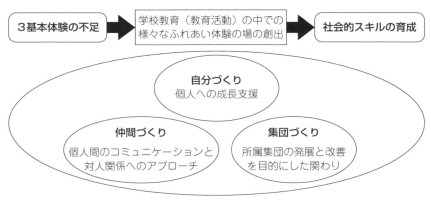

図5　『横浜プログラム』のねらい
　　（個から育てる集団づくりより（2010））

個々への成長支援である個人アプローチ「自分づくり」、個人間のコミュニケーションと対人関係へのアプローチ「仲間づくり」、所属集団の発展と改善を目的とした「集団づくり」として、体験を通した子供自身の「気付き」や「分かち合い」から基本スキルを身に付けられるような構成としている（**図5**）。

（1）児童の様子

　Cさんの実態は以下のとおりだった。感情のコントロールがきかず、暴言や暴力が出る。小さい子には優しい。状況や文脈から言葉の意味を推測することが難しく、字義どおりに取り、思ったことをそのまま言う。勝敗の受け入れが難しい、などの現状があった。このつまずきから以下の背景要因が考えられた。
　　○満たされない思いが重なり、すぐにイライラする。
　　○周囲からの刺激や情報処理がうまくいかず過剰に反応する。
　　○感情コントロールがうまくいかず負けて悔しい思いを人やものにぶ
　　　つける。
そこで支援のポイントを、
　　○怒りや不安をコントロールし自分の気持ち（思ったこと、言葉にす
　　　ること）を表していいときといけないときを区別する。
　　○自己肯定感を高める。
と設定した。

（2）合理的配慮の実際

> 　怒りや不安をコントロールし、自分の気持ち（思ったこと、言葉にすること）を表してよいときといけないときを区別する。

・別室でのクールダウン

　気持ちが落ち着かないときには、事前に担任とルールを決めたクールダウンカードを持ち、別室で落ち着くまで過ごすようにした。その場を

離れることで、気持ちを落ち着かせることができるようになった。また「話せる？」の問いかけから、Ｃさんの気持ちや行動についてトラブルにつながる会話を紙に書きながら、理解を進めた。回数を重ねるうちに、トラブルについても相手と向き合い話し合うことができるようになった。

・学習内容の変更・調整

道徳で扱う「主として自分自身に関わること」「主として人と関わること」や特活、総合「自分づくり」を中心に担任の先生と相談し内容を変更し、『横浜プログラム』を活用した。「自分づくり」の堪忍袋（感情コントロール法を身に付ける）（図６）では呼吸を整え、リラックスすることで堪忍袋に嫌なこと不安なことを書き、呼吸を沈めていく。Ｃさんは「みんなにきらわれているかも」と書いた。自分自身についての本当の気持ちを表したことは評価した。一方で他人に対して、思ったことをそのままに口にするのではなく、文句ではないお願いの言い方「プラスにいいかエール」といったゲームをクラス全体に投げかけ、Ｃさん自身も楽しみながら取り組んでいった。『横浜プログラム』（図７）を活用した。

図６　堪忍袋
（個から育てる集団づくり
（2010））

自己肯定感を高める。

Ｃさんは、自己肯定感の大変低い児童だった。その思いを他の児童にぶつけ、トラブルにつながる。日頃の暴言などに対しては、背景にある気持ちを汲み取りながら、望ましい言い方に変えるようにした。Ｃさんの行動に対しては、マイナスの言葉を使わないようにして、教師が望んでいる姿を

写真７　アイスブレーキング

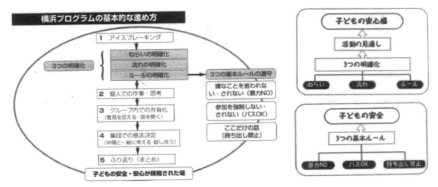

図7　横浜プログラムの基本的な進め方
(個から育てる集団づくり (2010))

具体的に伝え、できていることに対しては、タイミングよく評価し言葉かけをするようにした。また、Cさんの気持ちを整理する支援については、今日の振り返りの中で、お助けメモや感情シートの活用を促した。ロールプレイを多く取り入れ「そのときどうする？」を話させることで相手の気持ちを理解させた。また期待される行動を、日頃からCさんに関わる教員が声かけをし、具体的に評価した。Cさんの振り返りについても、回数を重ねると言葉が多くなり、心ほぐしのゲーム自体も楽しみ「今度は、リーダーやりたい」と発言する様子も見られた。

　Cさんの表面上の行動だけではなく、困っていることに目を向け、関わる教職員が一緒になって解決策を考えたり、メンターチームが授業を参観したりする中で、困っている児童に寄り添うことが学級全体のことを考えるきっかけになり、学校全体の安定に結び付いた。

(3) 児童；保護者の変容

　継続して、帰りの会や特活や道徳の最初の時間などで、担任は心ほぐしのゲーム等を取り入れた。Cさんは振り返りの中で「めんどくさい」の一言の感想からスタートした。回数を繰り返すことで「今日の気分は？最初はイラッとしたけど、やるとおもしろかった」「みんなも同じだと

思った」「イラッとしたらすぐバーンだったけど、今度は今日のことを使ってみようかな？」との感想に変わっていき、学校生活の中でも、Cさんは遊びの中で友達とうまく関われるようになったり、グループ学習にも自分の考えや気持ちを言葉で伝えながら、落ち着いて参加ができるようになったりするなどの行動面の変容が見られた。また、「学校が楽しくなってきた」との声も聞かれ、意欲的に学校生活を送る姿が見られた。

授業参観で、Cさんが積極的に発言する様子を見た保護者が、「最近、学校での様子を話してくれるようになった」と話された。

Cさんが学級で安心して過ごせるためには、「自分はありのままでいいんだ」と思い自己肯定感を高めることが必要である。学校の中で、一人一人にとって学級は、まぎれもない居場所である。子供たちにとって、「居場所」はなくてはならないものである。

6 特別支援教育コーディネーターの役割と課題

特に重要と考えているのは「子供や保護者、教員が困っていることについて、解決に向け支援や手立てを考えて行動化し、校内のチーム支援の中心的役割を担う」部分である。特別支援教育コーディネーターとして、その立場で学校全体の中で困っている子供たちを把握する視点、支援の必要性を、教員、保護者等にアプローチすることが必要だ。特別支援教育コーディネーターを校内に4人配置した。その役割は、校内外の関係者と連絡調整を行いながら、様々な関係機関・人の資源をつなぎ、困っている児童の支援を組み立てていく役割と捉え、担任や学年の先生方に働きかけた。

「合理的配慮って何？」「保護者の要望やクレームが増え、また忙しくなるのではないか？」等の教職員の声より、特別支援教育校内委員会や特別支援教育コーディネーターの役割分担、特別支援教育の手引きを作

成し、職員全体に周知した。「何でも話せる職員室」を目指し、困っている学級担任に寄り添い、子供の困っていることについて一緒に考える時間を設定した。学年コーディネーターを配置し、子供の写真を見ながら情報共有し、担任の先生と困っている児童との信頼関係を築けるように、担任支援にも努めた。教育の最大の環境は人だ。子供が安心して、居場所となる学級をつくっていくことを目標に、学校全体の中で、アンテナを張り巡らし、子供の困りごとを乗り越える方法を一緒に考え行動できる人を増やすことを模索している。

【引用文献】
横浜市こども青少年局子育て支援課幼保小連携担当（2012）『育ちと学びをつなぐ〜横浜版接続期カリキュラム〜』
横浜市教育委員会（2010）『子どもの社会的スキル横浜プログラム　個から育てる集団づくり51』

【参考文献】
『暗黙のルールが身につくソーシャルスキルトレーニング（SST）カード教材集』2016年、株式会社ナツメ社
横浜市教育委員会事務局人権教育・児童生徒課（平成25年3月）「児童支援専任ハンドブック」

第9章 実 践 編
●事例11 中学校：学校生活場面での合理的配慮

● 事例11 ●

中学校：学校生活場面での合理的配慮

思春期の心に寄り添った合理的配慮

千葉県市川市教育委員会 主査 **関口一秋**

1 中学校の学校生活場面における合理的配慮

（1）小学校から中学校で変わること

① 1日の生活の時間

中学校では、小学校と比較するとおおよその流れについては大きく変わらないが、活動内容や時間の長さに違いがある。**表1**は、ある地域の小学校と中学校の時間割である。

表1

小学校		中学校	
朝の会	15分	朝の会	15分
1校時	45分	1校時	50分
休み時間	5分	休み時間	10分
2校時	45分	2校時	50分
業間休み	30分	休み時間	10分
3校時	45分	3校時	50分
休み時間	5分	休み時間	10分
4校時	45分	4校時	50分
給食	45分	給食	35分
昼休み	15分	昼休み	25分
清掃	20分	5校時	50分
5校時	45分	休み時間	10分
休み時間	5分	6校時	50分
6校時	45分	清掃	15分
帰りの会	15分	帰りの会	15分

授業時間については、小学校45分、中学校50分で中学校の方が5分長くなっている。休み時間については、小学校では授業間の休み時間が5分間なのに対し、中学校では10分間である。通常の授業間の休み時間については中学校の方が長く設定されているが、小学校には約30分間の業間休みが設定されている。また、給食から昼休みにかけての時間も小学校の方が

209

長く設定されている。したがって中学校は、より長い時間、活動に集中しなければならない。

② **教科担任制**

　中学校は教科担任制をとっており、教科によって教える先生が変わる。小学校では、主に学級担任が授業をし、音楽や書写など一部の教科の時間を専科の先生が授業を行う。

　教科担任制であることから、中学校では指示を出す教員が複数おり、その伝え方や授業の進め方などが異なることで、聞き取ることや理解することが苦手な生徒にとっては、指示がうまく通らなかったり理解がしにくかったりすることが予想される。

③ **部活動、委員会活動、生徒会活動等**

　中学校では、放課後の時間を中心に部活動や委員会活動が行われる。小学校と異なる点については、中学校は活動の時間が長く、より自主的な活動が求められることが挙げられる。これらの特別活動は、活動内容が多岐にわたり、自分で率先して行動する力や判断する力が求められるとともに、臨機応変に行動することも必要となる。さらに、異学年と活動を共にすることから、よりよい人間関係を築くことも求められる。

　以上の３点が小学校と中学校の違いであるが、特に発達障害等のある生徒にとっては、その障害特性から集中力の持続や、正しく相手の話や気持ちをくみ取ることや理解すること、良好な人間関係の形成について困難さを抱えることが多い。それらのつまずきをイメージして、合理的配慮を計画する必要がある。

（2）思春期による心と身体の変化

　中学生の３年間は、心と身体が急速に成長する時期である。その過程で、自我が芽生え自分を客観的に見ることができるようになる。障害のある子供も同様、思春期を迎える。しかし、生活面や学習面での困難さにより、自己肯定感が低下したり、自尊心が傷つけられたりし、二次的

第9章　実　践　編
●事例11　中学校：学校生活場面での合理的配慮

な困りを抱えることも少なくない。学習面の遅れを感じ、それを友達と
比べることで悩むことや、発達障害特有の認知特性によって、自分の将
来をイメージできないことを責め、自己肯定感を低下させることもある
だろう。

　そのような生徒に対して合理的配慮を行うときには、単に困っている
ことに対して支援し、できることを増やすようにするだけでなく、その
生徒が持つ心の部分を十分に思いやり、本人と気持ちを通わせた上で、
できる限り本人が納得できる合理的配慮を提供することが大切ではない
かと考える。

（3）中学校の学校生活場面で行う合理的配慮のポイント

　これまで述べてきたように、中学校では授業の進め方や内容、1日の
生活の流れ等が変わり、活動の難易度が上がることや、心と身体が大き
く変化することなどから、合理的配慮を考えるときには、以下の点に留
意して提供する必要がある。

①　背景要因

　合理的配慮を考えていく上で、生徒が困っている場面や内容を整理し
進める必要がある。しかし、その生徒がなぜ困っているのかが分からな
ければ、合理的配慮をいくつ行ってもうまくいかないだろう。例えば、
給食を時間内に食べ終えることができない生徒の場合、何時までに食べ
ればよいのかなど時間の見通しが持ちにくいことや感覚過敏のため、に
おいや味、食感などどうしても苦手なものがあることなどが考えられ
る。その背景要因から合理的配慮の内容を考えると、時間の見通しをつ
けるために、本人の見える範囲に時計を用意したり、終わりの時間を示
したりすることが考えられる。また、苦手な食べ物を本人と事前に話し
合い、何をどこまで食べるかを決めることや、一口だけ食べればよいこ
とを確認することで、時間内に食べ終えることにつながるのではない
か。

211

このように、背景要因に何があるのかを考えることで、本人の困りに応じた合理的配慮を提供することができる。

② **思春期の生徒の心に寄り添う**

思春期の生徒に対して合理的配慮を行うときに、障害特性や生徒の実態に応じた視点はもちろん必要であるが、その生徒の気持ちを理解して寄り添うことが大切である。サポートはしてほしいけど、周りの友達にどう思われているのかが気になり、今はそのサポートを受けたくないと拒否することもあるだろう。そのような気持ちを汲み取り、サポートの方法をその生徒と一緒に考えていくことで、そのとき一番よい合理的配慮を行うことができるのではないかと考える。

合理的配慮を提供するプロセスの中に、本人保護者と合意形成をとることが挙げられるが、合意形成の中には、合理的配慮の内容やプロセスも大切であるが、配慮を受ける本人の自尊心を考慮し、気持ちを理解することが大切であると言える。

③ **集団の中で行う視点**

学校生活は、集団生活の場である。学級集団の中で、ある一人の生徒に対して合理的配慮をどのようにしたらよいか悩む先生も多くいる。合理的配慮を個別に行うことについては、本人の気持ちを尊重することや他の生徒への理解を得ることも必要になることがある。特に他の生徒の理解については、学級集団の成熟度も関係してくるだろう。

そこで、個別の合理的配慮を学級全体に対して行うことで、学級の中で行われる当たり前の配慮であるという意識付けをしていく。当たり前のこととして合理的配慮を行えば、相手を思いやる配慮や優しい気持ちを持った学級ができる。

合理的配慮の土台には、基礎的環境整備があり、個別の配慮を支える環境整備となっている。学級全体へ行う配慮を整えることは、この基礎的環境整備を整えることにつながるのではないかと考える。学級全体の環境が整えば、個人に行う合理的配慮は質量ともに小さくて済む。土台

第9章　実　践　編
●事例11　中学校：学校生活場面での合理的配慮

がしっかりしていることで、障害のある生徒だけでなく、それ以外の生徒にとっても分かりやすく過ごしやすい環境と言える。ユニバーサルデザインの考え方にも通じるものがあり、このような視点を持って整えることがとても大切である。

2　学校生活場面での合理的配慮の実践例

（1）学校生活場面について

　これまで、中学校で行う合理的配慮のポイントについて述べてきたが、以下に実際の学校生活場面の実践例について述べていく。

　ここで言う学校生活場面とは、授業中の学習場面以外のすべての時間とする。具体的には、朝の会や帰りの会、休み時間、清掃、給食、部活動、委員会・生徒会活動などである。

（2）実践例の紹介

①　忘れ物が多く、提出物がなかなかそろわない生徒の場合

　中学校では、係の生徒が次の日の持ち物を、教科ごとに帰りの会のときなどに連絡したり、連絡事項を教室後方の黒板に書いたりする。しかし、対象の生徒は忘れ物が多く、提出物を出せずに困っていることがある。その原因としては、注意力が散漫であったり、記憶の定着に課題があったりすることが考えられる。

　このときには、連絡帳を活用し、本人が書いたページを教師が確認をしたり、書いたページに分かりやすいしおりを挟んだりするなど、より意識できるようにする。また、宿題や持ち物の準備は家庭で行うことから、事前に家庭に協力を依頼し、確認してもらうようにする。次の日に、提出物が出しやすいように、かごなどを用意し、視覚的に見て分かるようにすることで、提出を促すとよい。提出時のかごを置くなどの配慮に

213

ついては、学級全体に行う配慮であり、該当の生徒だけではなく、学級全体として、提出物について分かりやすい環境をつくることで、本人への負担感や特別感が薄れ、効果が期待できる。

　また、学校からの配布物など管理ができない生徒の場合には、手紙を整理して入れることのできるクリアケースや見出し付きのドキュメントファイルケースを活用する。はじめは教員が使い方を示し、どの手紙をどこに入れたかチェックしながら使用し、家庭と協力しながら使用を進めることで、少しずつ配布物が家庭に届くようになっていった。

② 　帰りの会での発表がうまくできない生徒の場合

　対象の生徒は、ADHDの疑いがあり、注意が散漫な面が見られる生徒である。友達同士でのトラブルが多く、他人の目を過度に気にすることがある。

　活動の場面は、係活動として帰りの会に教科リーダーとしてその日の授業の反省と次の日の持ち物を発表する場面である。

　実際の活動の様子は、発表のときに名前を呼ばれてもすぐに気付かず、慌てて発表をしてしまい、言いたいことが言えないことがある。また、普段は大きな声で話すことができるが、発表のときには声の大きさが小さく相手に聞こえないことが多かった。活動の様子から、以下のように合理的配慮を計画した。

　発表のタイミングに気付かず、慌ててしまうことから、事前に担任教師が発表の直前に個別に声をかけ、準備できるようにすることと、声の大きさを視覚的に分かりやすくし、声のものさしを使うことで、発表時の声の大きさを調整するようにした。

　生徒の変容については、事前に声をかけ発表の準備ができると、慌てないで伝えたいことを発表することができた。また、声の大きさについても、本人の見やすい位置に掲示し、声の大きさについて改善していこうと担任教師が呼びかけると、だんだんとクラス全体へ聞こえる声を出せるようになった。声のものさしについては、該当の生徒だけでなく、

第9章　実　践　編

●事例11　中学校：学校生活場面での合理的配慮

学級全体で使用することにより、該当の生徒だけでなく他の生徒にも効果が表れた。

③　部活動で全体の流れに合わせて活動することが苦手な生徒の場合

部活動の活動と活動の合間や休憩時には、ある程度何をするかは本人に任される。例えば水分補給をしたり、手洗いに行ったりする。対象の生徒は、その際、自分の好きな本を読み、時間を忘れて練習の開始に遅れることがあった。練習の合間には、カーテンにくるまったり、別室に行ったりして、次の活動に参加できないこともあった。本生徒は、決して部活動が嫌なわけではなく、やる気もある生徒であるが、活動の切り替えが苦手であった。一つのものごとに集中できるが、周りを見て行動することは苦手であった。

本生徒への合理的配慮については、背景要因として、活動の切り替えが苦手な点と見通しの持ちにくさであると考え、練習メニュー表を作成し、常に掲示、活用することで、次の活動への見通しをつけることを行った。また、練習のはじめに練習メニュー表を見て、1日の練習の流れを確認することを計画した。

生徒の変容については、練習の流れを番号で示し、どんな活動があるか確認し、はじめのうちは顧問から個別に声かけをして、次の活動を促した。そうすると、活動場所から離れることが減り、練習に参加できるようになった。また、自分からメニュー表を確認する行動も見られ、意識が高まってきていた。

また、本人と相談し、この練習メニュー表を自分で作成することを提案すると、練習の前に練習メニューを部員と相談し、メニュー表を自分で作成することができた。以前よりも練習に集中する姿が見られ、下級生にも声をかけることが増えていった。

上記の事例のように、本人と相談し、合理的配慮を整えると、うまくいった場合には、自信を持って活動に取り組む姿が引き出せるのかもし

215

れないと感じた。通常の学級で、思春期を迎える子供にとって、自己肯定感をアップさせ、自信を持って行動できるような合理的配慮を、本人と相談して進めていけると、子供の将来の自立に少しでもつながるのではないかと考える。

【参考文献】
月森久江（2012）『教室でできる特別支援教育のアイデア』図書文化社
上野一彦・渡辺圭太郎（2012）『ケース別発達障害のある子へのサポート実例集　中学校編』ナツメ社

第9章 実践編
●事例12 特別支援学校：学校生活場面での合理的配慮

● 事例 12 ●

特別支援学校：学校生活場面での合理的配慮
仲間関係を育むための評価ツール「グリーンポイントシステム」の実践
──他者に認められる経験を通した学校生活場面での合理的配慮──

千葉大学教育学部附属特別支援学校 教諭　**佐々木大輔**

合理的配慮による「気持ちの安定」の重要性とオーダーメイドの支援

（1）「気持ちの安定」なくして成長なし

　障害の有無にかかわらず、一人一人が過ごしやすい社会を実現するためにとても重要な概念である合理的配慮。学校生活を過ごす子供たちにとって、「自分を認めてほしい」と友達や教師に願うことは当然の権利であると言える。しかしながら、知的

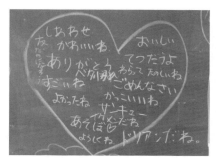
写真1　子供たちが考えた「あったか（ふわふわ）言葉」

障害や発達障害などがある子供たちにとっては、失敗を繰り返し、叱責される経験が多く、その当たり前の権利が満たされないことが少なくない。自分を認めてもらえない経験を繰り返す子供たちは、「どうせまた怒られる」と思い込み、学習意欲をなくしてしまう。中には非行に走るなどの二次的な障害を引き起こすこともある。友達や教師から「いいね」「がんばっているね」など何気ない「あったか言葉（ふわふわ言葉）」（**写真1**）のある環境におかれていたら、きっと彼らをもっと早く救え

217

たかもしれない。私はこれまでの教師生活で、障害のある子供たちが学習に意欲的に取り組むためには、まずこの「気持ちの安定」という基盤をしっかりと安定させることが大前提であることを思い知ってきた。今回はそのような経験から、特別な支援を必要とする子供たちの「よいところ」に教師が着目し、分かりやすく目に見えるように賞賛するという評価ツールを使用したシステムについて紹介したい。

（2）オーダーメイドの支援

　特別支援学校へ通っている子供たちは一人一人に応じたオーダーメイドの支援を提供されている。このことについて私はよく眼鏡にたとえて話をする。私たちは視力が落ちると眼科へ通い、適正な検査や診察を受け、医師から適正な処方箋をもらって、一番見えやすい眼鏡を作ってもらう。同じ「眼鏡」でも、近視・遠視・乱視、度によるレンズの厚み、さらにデザインや大きさまで一人一人が必要とするニーズは違うのである。これを特別な支援を必要とする子供たちに当てはめて考える。先に述べた「気持ちの安定」にもオーダーメイドの支援が必要だ。

（3）教師、保護者、地域がみんなで支える評価のシステムづくり

　特別支援学校に通う子供たちは、一人一人がオーダーメイドの教育を受けているため、賞賛を受ける方法も様々である。そのため、子供たちのよい言動を教師が評価するとき、その子供に合わせてそれぞれの教師が単独の方法で賞賛していることが多い。そのため、クラス単位、学部単位、学校単位などで同じツールを使って称賛するなど、組織的に教師から評価を受けている子供たちは少ない。特に知的障害や発達障害のある子供たちは、仮に多くの教師から賞賛されていたとしても、子供によっては賞賛されていること自体が理解できなかったり、素直に受け入れられなかったりすることもあり、自尊感情が高まりにくい。また保護者にとっても、自分の子供が学校でどんな評価を受けているのか知る機

会が少ないのも現状である。

　記憶力の少ない知的障害や発達障害のある子供たちにとって「言葉の賞賛」は消えてなくなってしまうため、教師や友達などから賞賛を受けたことが形として残ることは極めて重要である。もしも教師、保護者、地域の方々が共有し、目に見える賞賛方法や評価ツールがあったら、子供たちが行った1回のよい言動は何度も賞賛してもらい、振り返る機会を得ることができる。一人一人の子供たちががんばったことが周囲にしっかり伝わり、賞賛を受けて自尊感情を高めていくような取組は、合理的配慮を考える視点としてしっかりおさえておきたい。そのためにはこれまでのオーダーメイドの支援にプラスして、周囲のサポートが受けやすくなるような組織的な評価のシステムづくりも必要になってくる。その一助になると思われるシステムについて紹介する。

2　「グリーンポイントシステム」とは

(1) 筑波大学附属大塚特別支援学校中学部での実践から

　皆さんは、少年サッカー（U-12）で使用されている「グリーンカード」をご存知であろうか？　危険や乱暴なプレーに対する「イエローカード」や「レッドカード」とは違い、グリーンカードは、「助け合い」「思いやり」「がんばり」などのフェアプレー精神を発揮した選手やチームに審判が示す「勲章」のようなカードである（**写真2**）。そんな場面をヒントに、平成23年度から筑波大学附属大塚特別支援学校（以下、大塚特支）の中学部で開発されたのが、これから紹介する「グリーンポイント」である。

写真2　グリーンカード

（2）評価ツール「グリーンポイント」とは？

　記憶力に障害のある子供たちにとって、よい言動をしたときに、その瞬間を見逃さず、すぐに評価すること（即時評価）が大切である。子供同士でやりとりをしていたある場面で、A先生は「グリーンポイント！」と笑顔で伝え、その証となる緑のシールを渡した（**写真3**）。「Zくん。今、Yくんに鉛筆を貸してあげていたね。ありがとう！」とシールをあげた理由を教えている。Zくんはもらったシールを専用の表「グリーンポイント表」（**写真4**）に貼り、「Yくんにえんぴつをかしてあげた」と理由

写真3　即時評価している場面

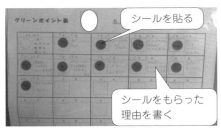

写真4　グリーンポイント表

を書いた。すると、教室に戻ってきてその表をみたB先生は、「Zくん、Yくんに鉛筆を貸してあげたの？　やさしいね！」と賞賛した。A先生は、帰りの会での一日の振り返り場面で、「今日、Yくんの鉛筆がなくて困っていたら、Zくんが貸してくれました」と他の子供たちにも紹介した。すると友達のXさんから「Zくん、やさしいね！」と言葉をかけられた。グリーンポイント表を持ち帰ると、その表を見たレスパイトサービス先では支援員さんに、自宅では家族に同じように賞賛された。このように、友達に一回行ったよい言動（困っている友達を助けてあげた）を、何度も何度も「振り返り」の機会を得ることができたZくんが、次回に同じような場面で友達を助けてあげられるようになったことは言うまでもない。

第9章 実践編
●事例12　特別支援学校：学校生活場面での合理的配慮

一見、「トークン・エコノミー法」に似ているとも言われるが、シールがたくさん貯まったからといって何かもらえるわけではない。子供たちが求めているのは自分の行った言動が、友達や先生、地域、家族など、自分の周りにいる人々に認められたという実感である。

評価ツール「グリーンポイント」は、「助けてあげた」「譲ってあげた」「応援してあげた」など、友達へのあたたかい関わりを評価することで、お互いに認め合い、協同、協力する力を育てることをねらいとしている（図1）。この評価ツール「グリーンポイント」を使用して学部全体の教師で共通理解して実践した経過について次に報告する。

> それぞれの生徒の目標に合わせて、「仲間関係」を育むような言動がみられたら賞賛し、ポイントを付与する。また、自分から関わることが難しい生徒には、「他者からの関わりに応じた」ことに対してもポイントを付与し、評価される機会を増やす。

図1　評価ツール「グリーンポイント」

③　「グリーンポイントシステム」の実際

(1) 実践した知的障害を主とする特別支援学校について

　この評価ツール「グリーンポイント」を使ったシステムを、ある県立の知的障害特別支援学校（以下、M特支）中学部で実践した様子について報告する。M特支は、近隣にある複数の福祉型障害児入所施設から、様々な理由で通学してくる児童生徒が全校の約半数在籍している。全体的に自分の情動や感情を調整する力が弱く、意欲の低下、パニックや行動障害などの二次的な障害が見られるため、人間関係を中心とした「社会性の向上」が課題となっている学校である。実践の対象にしたのは、一人一人障害の種類や程度、求められるニーズなど、多種多様な中学部

の全生徒 48 名である。

（2）システムを実践するに当たっての最初の壁

　実践するに当たって最初に訪れる大きな壁は、教員間の共通理解だ。このシステムを実施するに当たって、まず周囲の先生方の理解を得ることが大前提である。性別、年齢、経験、思想など様々であり、日頃から多忙な生活を送っている先生方の共感を得るためには、教師としての熱意や気配り、プレゼン技術、資料の準備などが必要である。当時、幸い私は長期研修生という立場であったため、快く管理職や中学部全体の先生方の協力を得て実践することができた。当時お世話になった方々には大変感謝している。もしもそうでなかったら、クラスや学年などの単位からスタートし、徐々に広めていくなどの手順が必要となるだろう。何を始めるにも、はじめの一歩はエネルギーを費やすものである。

（3）「グリーンポイントシステム」実践の様子

　先生方の協力を得ることができたので、準備を進め、生徒たちへ取組の説明を行った。私はイラストや写真などを用いて示したり、実演したりして子供たちに説明した。保護者へもプリントを配布し、「自宅でも褒めてあげてください」とお願いした。一人一人の「グリーンポイント表」を用意し、いざスタート！　取組内容を理解できた生徒たちは、張り切って「よいこと」をしようとし、先生方も笑顔で賞賛し、たくさんのシールを渡している。本来の目的からちょっと外れてしまうが、最初のスタートはどうしてもこんな感じになってしまうのであろう。予想はしていたが、シール欲しさに教師の前でだけよい言動をしたり、中には「シールください」とはっきり言ってしまったりする生徒まで様々であった。最初は戸惑っていた先生方も、取組開始から2か月もすると使用方法に慣れてきて、生徒たちを諭しながら丁寧に対応し、付与するシールの数も落ち着いてきた。

第9章 実践編
●事例12　特別支援学校：学校生活場面での合理的配慮

実践を進めていくと、グリーンポイントの評価基準となる「仲間関係の向上」や「友達へのあたたかい関わり」だけでは、教師から評価されにくい生徒がいることが分かってきた。重度の知的障害のある生徒、自閉症の特徴が強い生徒などは、「グリーンポイント＝賞賛」の意味付けを理解することが難しく、意欲につながらないため、先生から賞賛される機会そのものが少ないのだ。するとそのような生徒たちを担任する先生方が、自然と「○○ができた」「意欲的に取り組むことができた」「○○をがんばった」など、生徒たちの主体性を育むような言動に対してポイントを付与するようになっていった。

（4）評価ツール「グッドポイント」の誕生

実は先行研究をしていた大塚特支でも同じような現象が起きており、仲間関係など他者のことを思いやる気持ちを育てるためには、まず自分自身がやる気になったり、積極的に動けるようになったりする気持ちを育てていかなければならないことが分かってきた。そこで開発されたのがもう一つの評価ツール「グッドポイント」である（図2）。

| 「○○をがんばった」「意欲的に取り組んだ」「怒らずに我慢できた」「一生懸命走った」「自分から取り組んだ」等、それぞれの生徒の目標に合わせて、個のがんばりや主体的な言動がみられたら称賛し、ポイントを付与する。 |

図2　評価ツール「グッドポイント」

グッドポイントは、グリーンポイントと違い、一人一人実態の異なる子供たちの現在のがんばりや主体性について評価するので、グリーンポイントよりも評価される機会が自然と増えるようになった。グリーンポイントで育てたい力となる「他者」を理解するには、まずグッドポイントで「自己」を理解しなければならない。自分ががんばって他者から認められる経験を積み上げていくことで、他者のことを思いやれるようになるのである。自分のがんばったことが、先生に笑顔で賞賛されるよう

になった子供たち。教室には笑顔があふれ、心地よい空間が広がり、普段の学習にも意欲的に取り組むようになったことは間違いない。

このように、まずグッドポイントで他者に認められる経験を積み重ねることで少しずつ自己肯定感や自尊感情が高まっていく。そのことが他者への意識を高め、相手の気持ちへの気付きにつながり、仲間関係が広がっていく。このように子供たちの成長は、自己と他者との関係性の中で学習されているため、どちらか一方だけの取組ではなく、両方の視点による評価を続けていくことが大切であると考える（図３）。そのためにも、教師がいかに子供たちの「よいところ」を見つけ、適切に評価し、子供たちにフィードバックしていくかが重要である。

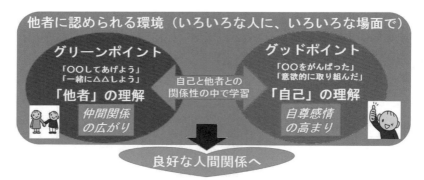

図３　「グリーンポイント」と「グッドポイント」の関係性

（５）ツールはただのツール

「賞賛する」と言っても誰もが簡単にできることではなく、私自身も実は得意とは言えない。そしてこのことは意外と奥が深い。それは、教師がせっかく子供のことを賞賛したつもりでも、子供自身がお世辞だと感じてしまったり、嬉しくなかったり、または褒められていることを理解できなかったりすることがあるからである。賞賛の仕方として、一般的に「笑顔で」「声のトーンを上げて」などと言われるが、言葉ではなく、

第9章　実　践　編
●事例 12　特別支援学校：学校生活場面での合理的配慮

さりげなくアイコンタクトをしながらうなずいてくれた方が嬉しい子もいる。その子なりの「認められ方」にはコツがあるため、このグリーンポイントやグッドポイントとなるシールをただ渡していても意味はない。シールを与えるのはあくまでも二の次であり、まずはその子が「認められている」と実感できるように賞賛することが大切なのである。シールを与えることが目的ではない。ツールはあくまでもツールであり、実践するに当たっては本質のある指導・支援につなげてほしい。

（6）実践した教師や保護者への効果と評価システムの課題

　このシステムの実践の効果が見られるのは子供たちだけではない。実は実践に取り組んだ教師や保護者にも有意義な効果が見られていることがアンケート調査から分かっている。特にこのシステムへの期待度は大きく、実践に取り組んだ多くの教師や保護者が「今後もやってみたい」と答えている。また、教師からの意見では、「生徒に対する視点が変化した」「評価基準が変わった」など、「子供理解」につながった事例もあった。保護者からも「子供の言葉が出ないので、学校の様子が分かり嬉しい」「家庭での会話が増え、もっと褒めてあげようと思った」などの意見があり、肯定的な意見が多かった。しかしながらその一方で、「やってみたいが難しい」という意見も多くあり、今後の工夫・改善が必要なことも示唆された（**表1**）。

表1　M特支教師が感じた難しさの理由

X校教師が感じた難しさ　（抜粋）	％
①評価の仕方に困る	62
②手間がかかる	33
③効果がみられない	33
④その他	52
・生徒がポイントを求めてくる	
・学部内で温度差があった	
・理由や内容を書く時間がない	
・表出の少ない生徒に与えづらい	
・人間関係への評価が厳しい生徒がいる	
・シールを携帯し忘れる　　　　　等	

（7）すべての子供に配慮した組織的な賞賛・評価

　このシステムはまだ実践例が少なく課題も多い。しかしながら、障害の有無に関係なく、すべての子供たちの主体性や仲間関係を向上させる可能性を大いに含んでいる。また学校生活場面において多くの教師が一致団結して子供たちのよいところに視点を当てて指導・支援することで、子供たちの学びを保障するための組織的な賞賛・評価方法としても画期的な取組の一つになるであろうと私は信じている。

＊本稿は、以下の論文を引用し、実践の紹介をしたものである。

【文献】
佐々木大輔・阿部崇・柘植雅義（2016）「知的障害特別支援学校における『仲間関係』を育む評価ツールの検討─他者に認められる経験をとおした『グリーンポイント』を使った実践─」『筑波大学特別支援教育研究』第10巻、pp.3-11

●事例13　特別支援学校：学校生活場面での合理的配慮

● 事例13 ●

特別支援学校：学校生活場面での合理的配慮
児童生徒の「主体性」を生かす支援の在り方と合理的配慮

茨城県立結城特別支援学校 教諭　**北澤拓哉**

特別支援学校での合理的配慮について押さえておきたい考え方

　特別支援学校においては、児童生徒一人一人について、学校生活のあらゆる場面で児童生徒一人一人に応じた教育内容・教育方法、支援体制、設備が整備されている。また、「個別の教育支援計画」や「個別の指導計画」では、個別面談等での保護者との合意のもと、児童生徒一人一人の目標や必要な手立て、必要な支援・指導の方法が明記され、実践されている。このように、特別支援学校においては、あらゆる場面において一人一人に応じた「合理的配慮」が提供されていると言えよう。

　特別支援学校においては、児童生徒の障害の状態や学習の到達状況に応じた教育内容について一人一人に合った方法で教育活動が行われ、必要な支援体制や設備も整備されており、さらに、これらの指導や支援はごく自然に提供されている。しかし、「合理的配慮」の提供には、本来、本人・保護者の意思の表出や合意形成が必要であり、個別に必要な配慮は児童生徒の主体的な求めに応じて提供されるべきである。児童生徒は「周囲の支援」を待つだけではなく、自分から必要な支援を求めていくことも重要であり、今後、学校生活や学校生活以外の様々な場面において、児童生徒が主体的に支援を求め、社会に参加していくことができるようにするためには、児童生徒自身が自らに必要な「合理的配慮」を理解し、必要に応じて周囲に依頼することができるようにすることも大切

である。

　本稿では、特別支援学校での様々な生活場面における合理的配慮について、児童生徒の「主体性」を軸に押さえておきたい考え方として以下の点について提案する。

（1）「教育内容」における合理的配慮に関して、児童生徒が個々の目標や手立てを理解して学習に取り組むようにすること

　特別支援学校では、児童生徒の学習の到達状況や学び方に合わせた指導内容、指導方法での指導を行っている。児童生徒一人一人の実態は様々であり、それぞれ必要な指導目標や手立ては異なる。そのために「個別の教育支援計画」や「個別の指導計画」において個に応じた指導・支援の計画を立てている。個に応じて目標や必要な手立てを設定することは児童生徒に必要な「合理的配慮」であり、周囲の支援者が共通理解して支援に当たることが必須であるが、さらに、児童生徒自身が自らの目標や課題を理解して学習に取り組めるようにすることで、児童生徒自身のそれぞれの目標に向けた主体的な学びにつながると思われる。

　　（例）
　　○児童生徒一人一人が自身の生活目標を理解した活動
　　○各授業や、行事ごとの目標や一人一人に応じた手立ての設定と児童
　　　生徒の自己理解
　　○児童生徒が個々の課題を理解して行う自立活動の指導

（2）「教育方法」における合理的配慮に関して、児童生徒が個々に必要な合理的配慮を理解し、周囲に求めることができるようにすること

　特別支援学校では、各授業や日常生活において、児童生徒の特性に応じて様々な教材や補助具等を活用することが多い。児童生徒に合わせて教材を変更したり調整したりすることは重要な合理的配慮である。併せ

て、これらの一人一人に応じた配慮は、指導者側が自然に提供するだけでなく、児童生徒自身が「私はこうすればできる」「こんな支援が必要だ」という理解のもと、自ら必要な支援を選び、求めていくことができるようにすることも必要である。

（例）
　○児童生徒自身に合った教材の選択
　○個別に必要な自助具、補助教材などの活用

2　実践例

（1）「教育内容」における合理的配慮に関して

事例①：「がんばりカード」の取組（小学部）
【小学部6年生　「日常生活の指導」】

　本事例では、児童が自身の目標を意識して取り組めるよう、「がんばりカード」を用いて、自身の「生活のめあて」を確認し、毎日の帰りの会で振り返りを行っている。児童は、自身の1日を振り返り、めあてが達成できたときには「シール」を貼る。

　なお、めあてを決める際には「①毎日取り組めること」「②具体的な行動であること」「③日々の生活で

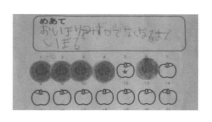

よく指摘されること（必要性の高さ）」を心掛け、「～しない」などではなく「～する」という児童が自己評価しやすいめあてを設定している。ある児童は、布巾を十分にしぼることが難しく、以前は「ぎゅーっとしぼりましょう」や「最後までしぼりましょう」などと指導を受けることがあったが、がんばりカードでは「おしぼりをみずがでなくなるまでしぼる」というめあてにしたことで、自身の目標を意識して取り組めるよ

うになった。

事例②：自分で課題を選ぶ、国語・数学の時間の事例（中学部）
【中学部　「国語・数学（チャレンジタイム）」】

　中学部では、各学年において習熟度別に小グループを編成して、国語や数学の授業を行っている。加えて、週に2回程度、朝の会の後に「チャレンジタイム」と称して国語や数学の学習内容の確認と定着を図るための課題別学習の時間を設けている。

　「チャレンジタイム」の時間では、教室の一部や廊下等に数種類のワークシートを準備し、「たし算1（1けた、くりあがりなし）」「たし算2（1けた、くりあがりあり）」など、自らの到達度に合わせたワークシートを生徒が選んで取り組んでいる。はじめは、生徒は教員と一緒にプリントを選んで取り組んだが、次第に「『たし算1』を合格したから『たし算2』に挑戦しよう！」などと、自分に合った課題を選び、課題に向かって自主的に学習に取り組むことができるようになってきている。

事例③：「現場実習の目標」の設定の事例（高等部）
【高等部　現場実習（事前学習）】

　本事例は高等部「産業現場等における実習（現場実習）」の事前学習として個人目標と手立てを生徒自身が設定したものである。

　生徒は現場実習に際し、前回の現場実習を振り返って今回の実習における目標を立て、さらに「目標を達成するために必要な工夫」を考える学習を行った。ある生徒は現場実習

第9章　実践編
●事例13　特別支援学校：学校生活場面での合理的配慮

に際し、自身が課題と思われた「やすまずにしゅっせきする」という目標を立てた。そして、その目標を達成するために「ねぶそくにならないために　きをつけることは　夜ふかし　しない」という手立てを考えた。

　目標を設定するだけでなく、目標設定のために必要なことを生徒自身が考えるようにすることで、生徒自身が自身の課題と「具体的にどんなことに気を付ければいいか」等の工夫を意識しながら実習に臨むことにつながった。

　事例①～③は「学習内容」についての合理的配慮の提供に関連し、「個に応じた学習目標」を児童生徒自身が理解して学習に取り組むことを意識した実践である。1日のめあてや、本時の目標、単元の目標、長期間の実習における目標等を教員と一緒に考えたり、児童生徒自身が考えたりすることは、児童生徒自身が自らの目標に向き合い、主体的に学習に取り組むために重要である。

　合理的配慮は「特定の場合において必要とされるもの」であり、個々の児童生徒の実態や活動場面に応じて個別に必要とされるものである。

　一人一人に必要な配慮は、個別に異なるものであり、児童生徒が必要な合理的配慮を理解して主体的に求めていくためには、児童生徒自身の自己理解が必要である。

　児童生徒が自身の「自分の得意なこと、好きなこと」「苦手なこと」などへの自己理解を深め、自身を肯定的に捉えることで、自身に必要な合理的配慮を自ら求めたり、肯定的に受け入れたりすることにつながり、主体的に学ぶことができるようになると考えられる。そのためには、「一人一人、目標が異なること」や「一人一人、必要な支援が異なること」などを小学部の段階から意識できるようにして、児童生徒の自己理解を促していく必要がある。

231

（2）「教育方法」における合理的配慮に関して

事例④：必要に応じて環境調整（中学部）

【中学部　作業学習】

　本生徒は、周囲の音に敏感で、予期せぬ物音で発作を誘発されることがある。その日の体調によっては、大きな音がする環境などで発作を繰り返し、学習に取り組めないことがある。本事例では、周囲の騒音の排除など、Aが活動に参加するための配慮を指導者が行うのではなく、自身の体調に合わせて、生徒自身がイヤーマフを用いて周囲の音を調整し、活動に取り組みやすくするようにした。

　あらかじめ、生徒にとって活動しやすい環境の調整を周囲が行うことも可能であるが、担任は「イヤーマフが必要なときはどんなときか」「イヤーマフがなくても大丈夫なときはどんなときか」などについて生徒自身に考えさせ、「必要に応じて、いつでも、イヤーマフを使える」ことや「必要な支援があれば申し出ること」などの指導を行った。生徒は、「今日は体調が良いからイヤーマフはなくても大丈夫」「今日はイヤーマフを使っておこう」など、自身が環境調整の必要性を考え、使用の判断をすることができるようになった。

　以前は、本生徒は、音の大きさに関係なく、周囲の「予期せぬ音」に発作を誘発され、活動に取り組むことが難しい場面が多くあった。しかし、イヤーマフを自ら判断して用いることで、周囲の音への「備え」を主体的に行うようになった。その結果、木工などの比較的大きな音がする環境においても安心して学習に取り組むことができるようになった。

事例⑤：五十音表の携帯（高等部）

【高等部　国語等】

　本生徒は、ひらがなの読み書きに苦手意識があるが、五十音表を見て自分が書きたい文字を確認してから書くことで安心して書くことができる。普段は机の中に五十音表を入れておき、国語の時間などでは自分か

●事例13　特別支援学校：学校生活場面での合理的配慮

ら取り出して、使用している。また、特別教室などに移動して活動する際にも筆記具と併せて五十音表を携帯するようにしている。

これまで、ひらがなの読み書きへの苦手意識から、文字を読み書きする活動に消極的なことがあった。し

かし、自分で五十音表を携帯するようになってからは、自分で書きたい字を表で確認しながら書いたり、書きたい字が五十音表で見つからないときには「『な』の字はどれですか？」などと周囲の教員に尋ねたりしながら活動に積極的に取り組むことができるようになった。今では友達の名前や好きなアイドルの名前などをノートに自分から書いて楽しんでいる。

本事例では、生徒自らが「読み書きが苦手である」ことを意識しながらも、「五十音表があれば、字が書ける」と必要な環境調整を理解し、主体的に求めることができたと考えられる。

事例⑥：メモ帳の携帯（高等部）

本生徒は、教師の説明を聞いたときなどに忘れてしまうことを防ぐために、メモ帳を携帯するようにしている。

以前は、教師から説明を受けた後に、その内容を忘れてしまい、行事予定などが分からなくなってしまうことがあった。現在は、メモ帳を携帯して、「教師に何か尋ねるとき」や「説明を受けるとき」など必要に

応じてメモを取り、適宜メモを振り返ることで自ら予定などを確認することができている。また、メモを取る際にも「メモを取らせてください」「メモが取れなかったので、もう一度教えてください」などと必要な依頼をすることができるようになった。

本事例においては、生徒自身が「メモを取る必要性」を判断し、実行することで、「私は聞いた内容を忘れてしまう」という否定的な自己理解でなく、「私はメモを取ることで忘れない」と、自身を肯定的に捉え、見通しを持って生活することができるようになった。

事例⑦：情緒安定のための教室移動、活動の変更の事例（高等部）

本生徒は情緒不安定になり学級での活動に参加できないことがある。

以前は情緒不安定を理由に欠席したり、登校できても教室に入れずに保健室にて休養をとったりすることが多く、1日の大半を保健室で過ごしていた。

担任教師は、本生徒がなるべく活動に参加できるよう、生徒や保護者と相談の上、生徒の体調に合わせて「教室から少し離れた別室」「教室の隅のパーテーションで区切ったスペース」など、段階的に活動の場を教室に近付け、現在は他の生徒と一緒に教室で学習に参加することができるようになった。

その後も時折、情緒の不安定を訴えることがあり、その際には「別室に移動」「教室の隅に移動」など、情緒の安定を図るための手段を自ら選び、担任や周囲の友達に訴えることで一定時間を置いて活動に参加することができるようになった。また、休養が必要なときには、「休憩中である」ことを示すカードを机上に置いて、周囲に理解を求めるようにした。そのカードには「復活したら頑張ります」と記載されており、本生徒にとっての休養は活動からの逃避ではなく、次の活動に取り組むた

第9章　実　践　編
●事例 13　特別支援学校：学校生活場面での合理的配慮

めの手立てであると捉えるようにしている。

　以前は「活動に参加できない」ことから、自己肯定感が低く、学校生活に対して否定的な捉え方をしていた生徒であったが、自分の体調に合わせて自ら必要な支援を求め、再び活動に参加できるようになったため、「休みながらも参加できた」と肯定的な自己理解をするようになった。

　事例④〜⑦は、教材や補助具の選択、心理面・健康面等「教育方法」に関する個別の合理的配慮について、児童生徒自身がその必要性を判断し、求めることができることを意識した実践である。

　児童生徒に合わせて、周囲があらかじめ環境調整をすることも必要であるが、生徒自身が「自分の状態に応じた支援の必要性」について考え、周囲に支援を求められるようにすることも大切である。

　児童生徒が「私はこんな方法ならできる」というように自身が活動に参加するための方法を理解し、主体的に周囲に求めたり、自身で準備したりすることは、周囲が準備する合理的配慮ではなく、児童生徒が自ら求めた合理的配慮である。児童生徒が主体的に自ら求めた合理的配慮は児童生徒自身の「成功体験の蓄積」や「自己肯定感の向上」につながると思われる。

　上記に示した実践例は、特別支援学校において日常的に実践されている取組である。しかし、このような日常的な取組の中にも、児童生徒が主体的に合理的配慮を求めていくことへつながる鍵があると思われる。

　児童生徒は、卒業後、特別支援学校以外の場においても、主体的に自らに必要な「合理的配慮」を求めていけるようになる必要がある。そのためには、「支援を受ける」だけでなく、自身の得意なことや苦手なことを理解し、自身を肯定的に理解した上で、活動内容や方法などで自らに必要な調整をしたり、周囲に必要な支援を依頼したりすることができるように、意図的・計画的に取り組む必要があると思われる。

235

共生社会の時代の特別支援教育　第2巻
学びを保障する指導と支援
すべての子供に配慮した学習指導

●

執筆者一覧

●

【編集代表】

柘植　雅義（筑波大学　教授）

【編　著】 ＊五十音順

熊谷　恵子（筑波大学　教授）

日野久美子（佐賀大学大学院　教授）

藤本　裕人（帝京平成大学　教授）

【編集幹事】

末吉　彩香（筑波大学大学院博士課程）

【執筆者】 ＊掲載順

柘植　雅義（上掲）	1章
熊谷　恵子（上掲）	2章
阿部　利彦（星槎大学大学院　准教授）	3章
日野久美子（上掲）	4章、5章
藤本　裕人（上掲）	6章、7章
齊藤由美子（国立特別支援教育総合研究所　総括研究員）	8章
大山　美香（横浜市立仏向小学校　主幹教諭）	9章事例1・10
下村　　治（横浜市立洋光台第一中学校　通級指導教室担当教諭）	9章事例2
幡野　仁哉（神奈川県立麻溝台高等学校　教諭）	9章事例3
真子　靖弘（佐賀県小城市立芦刈観瀾校　教諭）	9章事例4
林　　茂樹（摂南大学教職支援センター　准教授）	9章事例5
深津　達也（筑波大学附属大塚特別支援学校　教諭）	9章事例6
石田　亮子（佐賀県佐賀市立富士小学校　教頭）	9章事例7
中島　由美（佐賀県小城市立牛津小学校　教諭）	9章事例8
齋藤　正典（認定こども園相模女子大学幼稚部　園長）	9章事例9
関口　一秋（千葉県市川市教育委員会　主査）	9章事例11
佐々木大輔（千葉大学教育学部附属特別支援学校　教諭）	9章事例12
北澤　拓哉（茨城県立結城特別支援学校　教諭）	9章事例13

シリーズ編集代表

柘植雅義（つげ・まさよし）
筑波大学 教授（人間系 知的・発達・行動障害学分野）

筑波大学より博士（教育学）。専門は、特別支援教育学。国立特殊教育総合研究所研究室長（軽度知的障害教育）、カリフォルニア大学ロサンゼルス校（UCLA）客員研究員、文部科学省特別支援教育調査官（発達障害担当）、兵庫教育大学教授、国立特別支援教育総合研究所上席総括研究員／教育情報部長／発達障害教育情報センター長を経て、現職。内閣府の障害者政策委員会委員、中教審の教育振興基本計画部会委員等を歴任。

共生社会の時代の特別支援教育　第2巻

学びを保障する指導と支援
すべての子供に配慮した学習指導

2017年12月25日　第1刷発行
2018年9月1日　第2刷発行

編集代表　**柘植雅義**

編　　著　**熊谷恵子、日野久美子、藤本裕人**

発　　行　**株式会社 ぎょうせい**

〒136-8575　東京都江東区新木場1-18-11
電　話　編集　03-6892-6508
　　　　営業　03-6892-6666
フリーコール　0120-953-431
URL：https://gyosei.jp

〈検印省略〉

印刷　ぎょうせいデジタル株式会社
乱丁・落丁本は、送料小社負担にてお取り替えいたします。
©2017　Printed in Japan　禁無断転載・複製
ISBN978-4-324-10408-8（3100538-01-002）［略号：共生特別支援2］

共生社会の時代の特別支援教育 全3巻

「特別支援教育」の考え方・進め方が **事例でわかるシリーズ！**

編集代表 **柘植雅義**（筑波大学教授）

A5判・セット定価（本体**7,500円**＋税）送料サービス
各巻定価（本体**2,500円**＋税）送料300円 ［電子版］各巻定価（本体**2,500円**＋税）

※送料は平成29年11月現時点の料金です。　※電子版はぎょうせいオンライン（https://shop.gyosei.jp）からご注文ください。

「特別支援教育」の今を知り、目の前の子供たちに向き合っていく。
その確かな手がかりがここに。

巻構成

第1巻 新しい特別支援教育 インクルーシブ教育の今とこれから

特別支援教育の現状と課題をコンパクトにまとめ、学校種ごとの実践のポイントについて事例を通して紹介いたします。

編集代表 **柘植雅義**（筑波大学教授）　編著 **石橋由紀子**（兵庫教育大学大学院准教授）
　　　　　　　　　　　　　　　　　　　　　　伊藤由美（国立特別支援教育総合研究所主任研究員）
　　　　　　　　　　　　　　　　　　　　　　吉利宗久（岡山大学大学院准教授）

第2巻 学びを保障する指導と支援 すべての子供に配慮した学習指導

障害のある子供への指導・支援、すべての子供が共に学び合う環境づくり、授業における合理的配慮の実際など、日々の実践に直結した事例が満載です。

編集代表 **柘植雅義**（筑波大学教授）　編著 **熊谷恵子**（筑波大学教授）
　　　　　　　　　　　　　　　　　　　　　　日野久美子（佐賀大学大学院教授）
　　　　　　　　　　　　　　　　　　　　　　藤本裕人（帝京平成大学教授）

第3巻 連携とコンサルテーション 多様な子供を多様な人材で支援する

学校内外の人材をどう生かし子供の学びと育ちを支えていくか。生徒指導や教育相談の在り方は、保護者の関わりは、様々な連携策を事例で示します。

編集代表 **柘植雅義**（筑波大学教授）　編著 **大石幸二**（立教大学教授）
　　　　　　　　　　　　　　　　　　　　　　鎌塚優子（静岡大学教授）
　　　　　　　　　　　　　　　　　　　　　　滝川国芳（東洋大学教授）

株式会社 **ぎょうせい**
〒136-8575 東京都江東区新木場1-18-11

フリーコール **TEL：0120-953-431** ［平日9～17時］　**FAX：0120-953-495**
https://shop.gyosei.jp　　ぎょうせいオンライン [検索]